2025년

탈탄소가
비즈니스를 바꾼다

이음연구소

이 책의 판권은 지은이와 이음연구소에 있습니다.
책 내용의 전부 또는 일부를 이용하시려면 이음연구소의 동의를 받아야 합니다.

들어가기

탈탄소라는 새로운 바람

왜 이렇게도 논의가 어수선한가?

짙은 안개로 시야가 흐릿한 산길을 걷는 느낌마저 듭니다. 산 정상을 향해 나아가기는커녕 몇 미터 눈 앞도 선명하게 보이지 않습니다. 이것이 저자가 「탈탄소」라는 용어에서 떠올려지는 이미지입니다.

독자 여러분들은 「탈탄소」란 용어에 대해 어떤 느낌이 떠올려지는지요.

각종 신문이나 경제잡지 그리고 인터넷을 통해 「탈탄소」나 「탄소중립(Carbon neutral)」에 관한 특집 기사를 접할 기회가 늘어나고 있습니다. 「탈탄소」란 간단히 말하면, 지구온난화의 원인인 온실가스 배출량과 관련하여 「실질적인 의미에서 제로」를 목표로 한다는 의미입니다.

　일본 내에서 탈탄소에 주목하기 시작한 것은 지금부터 3년 정도 전입니다. 특히, 2020년 10월에 스가 전(前)수상(제 99대 수상으로2020년 9월부터 2021년 9월까지 재임-역자 주)이 「일본도 2050년까지 탈탄소사회 실현을 목표로 한다」고 선언한 후부터 큰 주목을 받게 되었습니다. 그러나 선언 이후 얼마 시간이 지나지 않았다는 점도 영향을 미쳤겠지만, 「이러이러한 방법을 통하여 실현해 나가겠다」라는 식의 명확한 정책 제시 및 이와 관련 사회적 합의가 부재된 상황입니다. 구체적인 추진방안이 제시되지 않은 채 모호한 이미지를 중심으로 비생산적인 논의만 반복되고 있다고 생각합니다.

　우리들이 탈탄소에 대해 생각하고 논의를 전개해 나갈 때에는, 「반드시 주의해야 할 점」이 있습니다. 그것은 서로 상이한 시점에서 탈탄소를 이해한 채 논의를 진행하고 있는 것은 아닌지를 반드시 확인해야 한다는 점입니다.

　시점이 상이하기 때문에 논점이 불분명해지고, 이로 인해 일방적인 논의로 끝나버리는 상황도 드물지 않습니다. 그래서 저자와 독자 여러분들이 같은 시점을 공유하기 위해서라도 저자가 생각하는 네 가지 시점인 「생활인의 시점」, 「비지니스의 시점」, 「국가차원의 시점」 그리고, 「지구시민의 시점」을 간단히 소개하고자 합니다.

　우선, 우리들에게 가장 친숙한 실제 생활하고 있는 주민의 시점입니다.

　이 시점에 서게 되면, 솔직히 말해 탈탄소를 시급히 추진해야 할 긴박함을 느끼기는 어려울 것입니다. 「한시라도 빨리 탈탄소를 실현하지 않으면 내일부터 당장 생활이 어려워질 수 있다!」라는 긴박감을 독자 여러분들은 어느 정도까지 공감할 수 있을까요? 「기온이 2도 또는 3도 정도의 상승이 문제라면 어떻게든 헤쳐나갈 수 있지 않을까」라고 생각하고 있는 분들도 많이 있을 것입니다.

  일본에는 사계절이 있습니다. 일본 사람들은 1000년 이상에 걸쳐 여름과 겨울의 30도 가까운 온도 차이 적절하게 대응하면서 생활해 왔습니다. 다다미와 미닫이식 장지문(방과 방 사이, 방과 마루 사이에 칸을 막아 끼우는 문-역자 주)은 그러한 대표적인 사례라고 할 수 있습니다. 다다미의 단열효과로 여름은 시원하게 겨울은 따뜻하게 지낼 수 있었습니다. 미닫이식 장지문은 여름에는 태양의 빛을 차단하고 겨울에는 유리창에서 전달되는 차가운 공기를 완화해 줍니다. 이에 더해, 비교적 최근에 도입된 에어컨 및 난방기구 등드 우리들을 더위와 추위로부터 보호해 줍니다.

  이러한 기온변화에 대한 내성, 지혜에 더해 설비까지 보유하고 있기 때문에, 좋고 나쁨의 관점은 별개토 하고, 소폭의 기온 상승에 충분히 대응할 수 있다고 생각하는 경향이 있습니다. 이로 인해 「기후위기를 실감하기 어려운 사회적 둔감」현상이 널리 퍼져있습니다. 마음 한 구석에는 기후위기를 일상생활과는 직접적인 관계가 없는「특수한 국가의 특수 사정」이라고 생각하기 쉬운 것입니다.

두 번째는 비즈니스의 시점입니다.
이는 탈탄소에 대해「자사 및 관련 업계에 어떠한 영향을 미칠 것인가」라는 시점에서 접근하는 사고입니다. 영향의 정도는 업계에 따라 상이합니다. 신속한 대응이 요구되는 업계도 있으며, 비교적 시간적 여유가 있는 업계도 있습니다.
예를 들어, 저자의 전문분야인 에너지업계는 영향의 정도가 크고, 신속한 대응이 요구되는 분야라고 할 수 있습니다. 자동차업계도 세계적인 EV(전기자동차) 전환으로 영향을 받고 있습니다.
자사가 글로벌 기업인지 아니면 국내시장 중심의 기업인지, 그리고 대기업인지 아니면 중소기업인지에 따라서도「탈탄소」에 대한 인식은 크게 달라질 것입니다. 그래서 우리들이 비즈니스 시점에서「탈탄소」를 논의할 때는 자신이 속해 있거나 관련있는 업계를 염두에 두고 발언하게 됩니다.

세번째는 국가차원의 시점입니다.

이 시점에서는 탈탄소로의 급격한 대응은 일본이 강점을 가지고 있는「모노즈쿠리(혼신의 힘을 다해 최고 품질의 제품을 만들어 내는 장인정신을 의미하며, 일본 중소기업의 세계적 경쟁력을 설명할 때 자주 인용-역자 주)」의 비용 상승을 초래하여 결과적으로 국가경쟁력을 약화시킨다는 사고입니다.

예를 들어 탈탄소를 신속하게 추진할 수 있는 방법 중 하나로 태양광 및 풍력 등 재생가능에너지의 대량 도입이 있습니다. 그러나, 대폭적인 재생가능에너지의 도입은 단기적으로 전력 등을 비롯한 에너지비용의 상승을 초래합니다. 비용 상승은 일본의 기간산업인 제조업의 가격경쟁력을 약화시킬 수 있습니다.

특히, 전력다소비형 산업에는 그 영향이 심각할 수 있습니다. 알루미늄공장 등은 대량의 전기를 사용하기 때문에 전기요금이 제조비용에 차지하는 비중이 크며, 이러한 이유로 해외로 공장 이전이 촉진되고 있습니다. 또한 티타늄공장의 경우도 전기료 상승 등의 이유로 해외 이전이 촉진될 수도 있습니다.

해외로의 공장 이전은 국내에서 고용기회의 축소뿐만 아니라, 기술 및 노하우의 유출, 장래적으로 모노즈쿠리에 대비할 수 있는 인재 감소를 연쇄적으로 초래할 수 있습니다.

국가차원에서 논의하는 사람들은 탈탄소를 추진하는 것 자체는 부정적으로 바라보지는 않지만, 「급격한 탈탄소 추진」은 국가경제에 매우 불리하다는 의견을 개진하는 경우가 일반적입니다. 「버스를 놓치면 안 된다」라는 마음으로 탈탄소를 맹목적으로 추진하는 것은 오히려 국력을 쇠퇴시킬 수 있다는 지적과 함께 중장기적으로 선진국인 유럽, 미국뿐만 아니라 빠른 성장세인 중국과의 경제적 격차가 벌어지게 된다는 우려의 목소리도 들립니다.

국가별로 에너지정책 및 보유 에너지 자원량이 상이하고, 산업구조도 동일하지 않다는 점을 감안할 때, 위와 같은 지적에는 어느 정도 일리가 있다고 생각합니다.

　마지막 네번째는 지구시민으로서의 시점입니다.
　탈탄소 추진은 지구차원의 논의이며,「기후위기에 국경은 없으며, 세계 전체의 과제는 지구차원에서 생각하고 행동해 나가야 한다」는 생각입니다. 이러한 사고의 배경에는 각 국가가 개별적으로 판단하고 행동한다면 부분적인 최적은 달성할 수 있겠지만, 전체의 최적을 실현할 수 있다는 보장이 없다는 문제의식이 자리잡고 있습니다.
　우리가 필요로 하는 각종 자원을「무한대로 존재하며 자유롭게 사용할 수 있는 것」이라고 생각할 수 있습니다. 하지만 지구시민의 관점에서 생각한다면,「유한하며 언젠가는 사라질 것」으로 인식하게 되어 강한 위기의식을 갖게 됩니다. 현재와 같이 적절하게 대응하는 행동이 지연되는 상황에서는 지구는 증가하는 인구를 지탱할 수 없게 될 것으로 우려합니다. 필연적으로, 기후위기에 대한 대책 및 탈탄소도 강하게 주장하게 됩니다.

　분명히 지구차원의 과제는 지구시민의 시점에서 생각해야 한다는 주장에도 일리는 있다고 생각합니다.

　이상이 저자가 생각하는 탈탄소 논의 시, 사전적으로 이해가 필요한 네 가지 시점입니다. 네 가지 시점은 사람에 따라 명확하게 나누어지는 것은 아니며, 일부 중복되는 부분도 있습니다. 저자 자신도 「어느 시점에 가중치를 두고」 탈탄소에 대해 생각할 지는 주어진 시간과 장소에도 영향을 받게 되며, 당연히 사고 및 결론의 방향성도 변하게 됩니다. 시간이 지나 2100년이 된다면 새롭게 「우주적 시점」이 새롭게 부상할 수도 있습니다.

　이 도서에서는 어느 시점이 옳고 어느 시점이 그르다고 주장하는 것은 아닙니다.

이 책을 손에 들게 된 독자 여러분은 앞으로 많은 분들과 「탈탄소」에 대해 논의를 하게 될 것입니다. 그 때에 자신이 「어느 시점을 기준으로 삼고 탈탄소에 대해 말하고 있는지」를 의식하면서 상대의 시점도 고려할 것을 제안합니다. 여러 시점을 종합하여 논의를 진행하면 논점이 보다 명확해지고 건설적인 논의를 이끌어낼 수 있다고 생각합니다.

　이 도서는 매일매일 비즈니스현장에서 분투하고 있는 비즈니스맨을 주요 독자로 상정하고 있습니다. 이러한 이유로 앞에서 소개한 두 번째 시점인「비즈니스의 시점」을 중심으로 나머지 시점도 부분적으로 받아들여 논의를 이글어가고자 합니다.

탈탄소는「망치」및「톱」과 같은 도구

　본 도서의 주제는 기업이 어떻게 해서「탈탄소」에 적절하게 대응해 갈 것인가, 입니다. 그러나, 여기에서 잊어서는 안 될 것은 기업에게「탈탄소」는 어디까지나「수단(도구)」, 최종적인 목적은 아니라는 점입니다.

　집을 짓는 과정에 빗대어 보면, 탈탄소는「망치」와「톱」등과 같은 도구입니다. 최종 목적은 어디까지나 우리들이 살고 싶은 집을 짓는 것입니다. 집을 짓기 위해서는 도구가 꼭 필요하지만, 도구의 사용 자체가 목적이 되어서는 안 된다는 것입니다. 「망치」로 필요없는 곳에다가 못을 박거나 「톱」으로 자를 필요가 없는 목재도 잘게 자른다면 진정으로 살고 싶은 집을 짓기가 어려워집니다.

이와 관련, 「욕구5단계설」로 유명한 미국의 심리학자 매슬로는 「해머를 가진 사람에게는 모든 것이 못으로 보인다 (If all you have is a hammer, everything looks like a nail.」는 유명한 말을 남겼습니다. 해머를 너무 의식한 나머지, 눈에 들어오는 모든 것을 두들기고 싶은 심경이 된다는 의미입니다.

기업이 맹목적으로 「탈탄소」를 추진하는 것은 이와 유사합니다. 진정으로 실현해야 하는 목표는 상실되고, 「탈탄소」를 추진하는 것 자체가 기업의 목적이 되는 주객전도 상황은 피해야 합니다.

그렇다면 기업의 최종적인 목표는 무엇일까요?

저자는「앞으로의 사회에 적응할 수 있는 영속적인 기업이 되는 것」이라고 생각합니다.

그렇다면 좀 더 범위를 넓혀 인류전체 차원에서의 최종적인 목표는 무엇일까요? 각 개인마다 다양한 의견이 있을 수 있다고 생각하지만, 저자는「인류 및 많은 종(種)에게 풍요롭고 지속가능한 사회를 구축하는 것」이라고 생각합니다. 즉, 기업에게도 인류 전체에게도「탈탄소」는 능숙하게 활용해야 할 수단(도구)인 것입니다.

저자는 본서를 통해 우리들이「탈탄소」를 효과적으로 사용하여 목표에 한 발 더 다가갈 수 있는 방도를 함께 생각해 가기를 기대합니다.

자신이 처한 상황에 맞도록 규칙을 바꾸어 가는 것은 당연

「탈탄소」에는 다양한 사람의 생각과 의도가 뒤섞여 있습니다. 거기에는 조금 불순한 속셈도 있습니다. 이에 대해「누구도 반대할 수 없는 환경 및 사회라는 것을 이용해서 돈을 버는 것은 비겁한 행위다」라고 비난하는 목소리도 들려옵니다. 탈탄소를 돈벌이의 구실로 삼는 것에 대한 불편함에 더해, 그것이 전세계적으로 광범위하게 벌어지는 것에 대한 분노를 느끼는 독자들도 있을 것입니다.

 예를 들어 유럽의 국가들과 기업들은 탈탄소화 규제와 관련하여 그들에게 보다 유리한 규칙이 책정되도록 조장하는 측면이 있습니다. 그러한 흐름에 일본 기업은 일방적으로 영향을 받는 상황이며, 유럽 주도의 규칙 변경에「당했다!」라는 의견을 표명하는 것에 저자도 일부 동의합니다.

 그러나 이를 달리 보면 각자가 자신의 상황에 유리하도록「규칙을 변경」하고자 하는 것은 최근 들어 갑자기 생긴 현상이 아닙니다. 규칙을 변경해서라도 상대방과의 경쟁에서 유리한 위치를 차지하고자 하는 마음은 어떤 의미에서는 지극히 당연한 것입니다. 예를 들어, 국가간 교섭은 자국에게 유리하게 하려는 공방의 역사라고 생각할 수 있습니다. 저자 및 독자 여러분도 자신 및 재직하고 있는 회사에 보다 유리하도록 규칙을 변경하여 경쟁에서 이겨내고자 시도했던 경험이 있을 것입니다.

  비즈니스의 최전선에 있는 우리들은 상대방의 이기적인 의도에 분개하는 것에 그쳐서는 안 됩니다. 현 시점에서 요구되는 것은 「사람·기업·국가는 자신들의 상황에 유리하게 생각하고 행동합니다. 때로는 규칙까지도 바꾸려는」 움직일 수 없는 사실을 있는 그대로 받아들이고, 「그럼에도 불구하고 어떻게든 해쳐 나가고자 하는 노력과 지혜」가 아닐까 합니다.

지금 기업에게 필요한 것은 「약삭빠름」과 「유연함」

  저자는 지금 기업에게 필요한 것은 「약삭빠름」과 「유연함」이라고 생각합니다.
「약삭빠름」이라고 단어는 작은 이익에도 민감하게 반영하다는 의미로 칭찬하는 상황에서 사용하는 단어는 아닙니다. 조금은 지저분한 느낌을 갖는 분도 있을 것입니다.

  현재의 상황에 대해 의견이 충돌할 경우, 「불공평한 규칙이다!」라고 불평만 늘어놓는 것이 아니고, 그렇다고 아무것도 생각하지 않고 단지 추종하는 것도 아닌, 자신의 일로 받아들여 「어떻게든 극복해 나가려는」 강한 의지도 필요하다고 생각합니다. 새로운 바람을 받아들이고 바람의 흐름을 이해하고 순풍으로 바꾸어 낼 수 있는 끈기야말로 탈탄소라는 바람을 역습에 활용할 수 있는 힘입니다.

다음으로 「유연함」에 대해서 유의어로 유연성 등을 생각할 수 있습니다. 비즈니스를 둘러싼 상황은 시시각각 변합니다. 변화를 선제적으로 파악하고 「유연하게」 행동해 나가야합니다. 본래 유럽이 생각해낸 규칙이라 하더라도 일본기업이 스스로의 역량을 활용해 강점으로 소화해 내야합니다. 탈탄소사회가 가져다주는 과실을 「최대한」 획득하기 위해 노력해야 합니다. 유연한 사고를 바탕으로 「승리할 수 있는 방도를 끊임없이 생각해 내는」 것이 중요합니다.

향후, 전세계에서 존경받는 국가 및 기업으로 번성해 나가기 위해서는 「약삭빠름」과 「유연함」 두 가지 모두가 중요하다고 생각합니다.

하지만, 우리에게 주어진 시간은 충분하지 않습니다. 왜냐하면, 전세계의 기업이 탈탄소로 목표를 정하고, IT 혁명 이후 대변혁의 과실을 독식하고자 호시탐탐 노리고 있습니다.

일본은 유감스럽게도 최근 20년간 부상한 IT혁명을 주도하지 못하고 뒤쳐지고 있다는 점을 잊어서는 안 됩니다.

본서의 제목에서도 언급한 2025년까지 불과 수년 밖에 남지 않은 시점에서, 일본의 기업이 신속하게 행동으로 대응하지 않으면 다시 오기 힘든 큰 기회를 놓치게 되는 상황을 각오해야 합니다.

본서의 구성

본서의 구성에 대해 간단히 소개하고자 합니다. 이 도서는 탈탄소를 「순풍」에 비유하여 논의를 전개하고 있습니다.

제1장 「바람을 느끼다」에서는 전세계 자금이 탈탄소로 흘러가고 있는 상황과 이러한 흐름이 거의 불가역적인 사실로 굳

어져가고 있다는 점을 살펴본 다음, 전세계 대부호의 투자 동향 그리고 우리들의 자산 및 일상생활에 미치는 영향 등 바람의 기세를 전달합니다.

제2장 「바람의 방향은?」에서는 탈탄소가 산업에 미치는 영향 그리고 전세계 EV 전환 등 바람의 방향을 알 수 있는 최신 상황을 전달합니다.

제3장 「바람을 이해하기」에서는 유럽과 미국을 비롯한 선진국과 중국의 의도 및 패권다툼, 기후위기 및 온난화를 둘러싼 국가간 접근법의 차이 등 바람이 불고 있는 요인을 분석합니다.

제4장 「바람을 타다」에서는 역풍을 순풍으로 바꾸는 사고의 전환 및 행동법, 그리고 「승리할 수 있는 방안」을 다각도로 검토합니다.

제5장 「바람을 타고 날개짓하기」에서는 비즈니스맨 및 경영자가 대응해야 할 구체적 행동에 대해 독자 여러분과 논의해 나가고자 합니다.

본서가 상정하는 독자층은 비즈니스맨과 경영자입니다. 그 중에서도, 자사의 탈탄소를 추진하고자 하는 분과 탈탄소사회에서 자사를 더욱 비약시키고자 하는 분을 상정하고 있습니다. 비즈니스의 현장에 도움이 되는 「사고와 행동을 위한 보조지침서」로 활용되기를 기대합니다.

물론 저자의 생각에는 이제까지의 업무적 경험 및 연령에 의한 「선입견」이 반영되어 있습니다. 저자는 2005년에 창업했으며, 「환경과 IT」를 주요 사업분야로 15년 이상 회사를 경영해 왔습니다. 회사에서는 기업 및 소비자를 대상으로 컨설팅 서비스를 제공하고 있습니다.

2007년경에는 카본오프셋(Carbon offset : 특정 지역의 CO2 배출 감축량을 여타 지역의 배출량으로 상쇄할 수 있도록 하는 제도-역자 주) 및 배출권거래에도 관여했으며, 기업의 사회공헌 및 환경공헌 활동 지원도 적극적으로 펼쳐왔습니다. 2016년 이후부터는 전력산업을 비롯한 에너지업계의 자유화 및 디지털화에도 관심을 기울여 왔습니다.

 현재는 연간 200개사 정도의 기업을 대상으로 에너지이용을 최적화하는 방법 및 국제적인 이니셔티브참가를 위한 어드바이저로 활동하고 있습니다. 본서는 이러한 경험을 보유한 저자만의 「비즈니스 관점」에서 집필했음을 밝혀 둡니다.

그림 1 「탈탄소」 관련 세계의 주요 동향

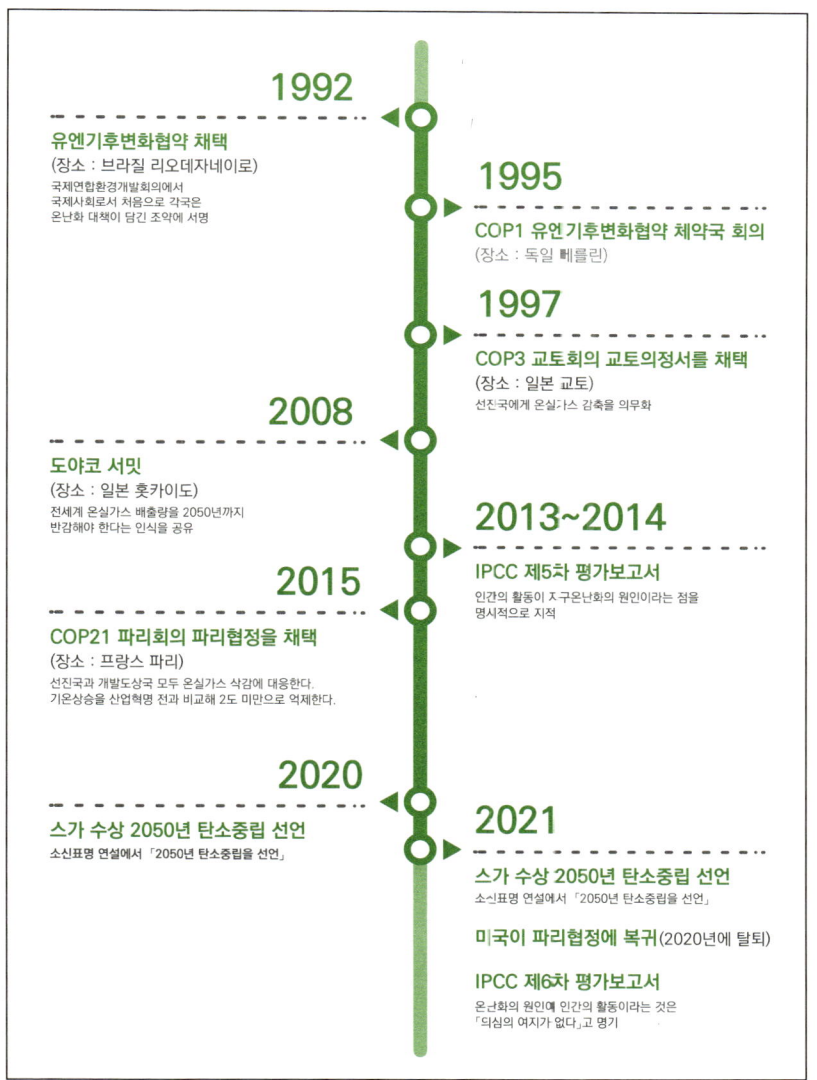

차 례

들어가기

탈탄소라는 새로운 바람

왜 이렇게도 논의가 어수선한가?	006
탈탄소는 「망치」및 「톱」과 같은 도구	015
자신이 처한 상황에 맞도록 규칙을 바꾸어 가는 것은 당연	017
지금 기업에게 필요한 것은 「약삭빠름」과 「유연함」	019
본서의 구성	021

제1장 「바람을 느끼다」

1.1 일시적 붐과 트랜드를 구별하라!

카본오프셋 버블의 종언	036
탈탄소는 일시적 붐인가 아니면 중장기 트랜드인가	039
트랜드는 일직선으로 성장하지 않는다	040
갈라파고스의 전철을 밟지 않기 위해서	043

1.2 글로벌 돈의 흐름을 파악하라!

「언젠가 여유가 생기면」이라는 고정관념	046
전세계 돈은 어디로 향하고 있는가	048
리스크가 커질수록 줄여야 한다는 조급증도 증가한다	050
기업을 위협하는 다양한 리스크	050

예측불능이 만들어 낸 부(負)의 연쇄작용 　　　　　　　　　　052
재무정보를 의심해라!「보이지 않는 것을 보고자 하는」욕망　054
번역하기 어려운 용어「이니셔티브」에 대해서　　　　　　　056
여전히 생소한 3단어　　　　　　　　　　　　　　　　　　060
앞으로 기업은 IQ만으로는 살아남기 어렵다!　　　　　　　066

1.3 탈탄소와 세계의 부호들

세계의 부호들은 어디에 투자하고 있는가?　　　　　　　　069
수 십조 원의 돈이 난무하는, 알려지지 않은 실태　　　　　070
결국은 버블? 전세계가「탈탄소사회」로 나아가기 위한 비용은?　073

1.4 탈탄소와 우리들의 소중한 돈

강 건너 불구경만으로는 해결되지 않는 불편한 진실　　　　077
기후변화가 예상하지 못한 지출을 초래　　　　　　　　　　078
재정절벽　　　　　　　　　　　　　　　　　　　　　　　081
진퇴양난　　　　　　　　　　　　　　　　　　　　　　　082
돈뿐만아니라 생명에 대한 위험성도　　　　　　　　　　　083

제2장 바람의 방향은?

2.1 역풍? 아니면 순풍?

모노즈쿠리 대국 일본에는 큰 타격	088
급격한 변화는 「최후의 일격」이 될 수도	090
배신의 쓰라린 경험 – 다시 반복?	092
Youtube 세대가 「국익」이라는 단어에 느끼는 위화감	094

2.2 탈탄소와 자동차산업

눈부시게 성장하는 모빌리티산업	097
No.1 기업의 고언(苦言)	098
왜 2030년대에 금지하는 국가가 많은 것인가?	099
하이브리드자동차가 악역을 맡게 된 이유	101
EV에 관한 두 가지 오해	103
자율주행이 새로운 게임체인저로	106
시가총액이 10년만에 수 백배 증가–테슬러의 비전	108
우리가 모르는 사이에 제2의 테슬러가 생겨나고 있다	110

제3장 바람을 이해하다

3.1 유럽, 미국 및 중국에 의한 21세기 패권다툼

각국의 속셈으로 요동치는 새로운 패권다툼	114
유럽의 「그린 캠페인」에는 다양한 의도가 숨겨져 있다	116
새로운 경제모델 순환경제(Circular economy)	121
4년 뒤에 또 다시 방향전환? 복잡한 미국 사정	124
대통령도 무시하고 독자적으로 추진하는 주(州)와 GAFA	126
미국이 앞으로도 강대국으로 남을 수 있는 이유	128
중국의 두 얼굴	130
EV화는 중국의 독식을 초래한다?	132
중국과 EU가 손잡는 21세기 실크로드	133

3.2 도대체 온난화의 무엇이 문제인가?

기후위기와 탈탄소를 연결하는 5개의 질문	136
언제부터 「위기」였나?	139
인간은 지구를 훼손하는 대신 풍요로움을 얻었다	141
의외로 모르는 환경오염과 기후위기의 차이	142
지구온난화와 노벨상의 깊은 관계	145
온난화는 사실(fact)인가? 시뮬레이션으로 가득 찬 가설	146
온난화에 대응하기 위한 공격과 수비	147

3.3 기후변화와 탈탄소가 유발시키는 대립구도

언제, 어디서, 얼마나 그리고 얼마 동안?	150
탈탄소가 초래하는 국가간 대립	151
세계의 만장일치는「불가능」?	154
우리가 2100년을 자신들의 문제로 인식하기 어려운 근본적 원인	155
대립도 일종의 대화	159

제4장 바람을 타다

4.1 맞바람을 순풍으로 바꾸는 사고법과 행동법

의지를 확립하다 – 비즈니스 기회라는 시점에서 받아들인다	163
정보를 모으다 –「새로운 지(知)」를 흡수한다	165
망상하다 – 만약 ~ 였다면…식의 망상을 멈추지 마라	166
결단하다 – 결단이「소 잃고 외양간 고치는 격」이 되는 근본적인 이유	168
행동하다 –「만점을 받아야 한다」를 의심하라	169

4.2 지금이야말로 산관학 연계 강화를!

점점 더 중요해지는 정부 방침	173
대학의 새로운 시도 – 도쿄대학 사례	176
「XX가 가능해지면 전세계가 확 바뀔텐데…」가 생겨나고 있다	179
「귀찮은 것」이「큰 이익을 가져다줄 원천」이 된다	182

제5장 바람을 타고 날개를 펴다

5.1 탈탄소시대의 기업 경영

사장님!「실적을 포기할」각오는 있으신가요? 186
경영자는「to be(당위)」를 말해선 안 된다 189
탈탄소 모델과 탈탄소 전략의 차이를 이해하다 191
왜「TO DO 리스트」는 실패하는가? 194
빅데이터, AI, IoT와 탈탄소 198
탈탄소추진으로 일석삼조, 일석사조도 가능 202

5.2 사원을 끌어들이는 비결

첫 번째 관문은 의외의 곳에 있다 205
사원이 움직이지 않는 데에는 이유가 있다 206
슈퍼맨을 기대해서는 안 된다 208

5.3 이해관계자를 끌어드리는 비결

CO_2 감축을 고객과의「공통 언어」로 210
하청업체에게 무리한 요구를 하고 있지는 않습니까? 211
탈탄소로 몰려드는 머니를 활용해야 213
때로는「미움받을 용기」도 필요 215

마지막으로 217

부록
  저자와의 인터뷰(2022년 9월 16일) 221

보론
  탈탄소 사회 실현을 위한 기술 229
  – 무탄소전기, 수소 그리고 효율화(김 동준 저)

제1장
「바람을 느끼다」

1.1 일시적 붐과 트랜드를 구별하라!

1.2 글로벌 돈의 흐름을 파악하라!

1.3 탈탄소와 세계의 부호들

1.4 탈탄소와 우리들의 소중한 돈

제1장
「바람을 느끼다」

1.1 일시적 붐과 트랜드를 구별하라!

카본오프셋 버블의 종언

　사람들은 누구나 자신만의 「괴로운 경험」에 대한 기억이 있을 것입니다. 별로 사람들에게 말하고 싶지 않은 그런 경험 말입니다. 물론 저자 자신도 비즈니스에서 매우 쓰라린 경험을 한 적이 있습니다.

　그것은 저자가 회사를 창업한 지 수년이 지난 2007년경으로 거슬러 올라갑니다. 저자는 환경과 IT분야에서 새로운 사업을 만들어 내겠다고 다짐하고 2005년에 과감하게 회사를 창업했습니다. 설립 당초, 걱정해 주신 선배 경영자들로부터 「에다 군! 회사 창업은 포기하는 게 어때? 환경은 돈 벌이가 되지 않아」라고 고마운 충고를 받았습니다.

그 후 여러 시행착오를 거친 후인 2007년, 2008년 개최가 예정되어 있는 홋카이도 도야코정상회의를 앞두고, 「카본오프셋」과 「배출권거래」가 갑자기 주목을 받기 시작했습니다. 당시 저자는 카본오프셋이라는 용어에 큰 대력을 느꼈습니다.

카본오프셋이란 기업 등이 온실가스의 감축활동 등에 투자하고 다른 회사가 배출한 온실가스를 메운다(상쇄)는 접근법입니다.

「카본오프셋이 널리 보급된다면, 기업의 성장과 순환형사회의 실현이 양립 가능하지 않을까? 게다가 IT가 크게 활용될 수 있는 여지가 있지 않을까?」라고 저자는 막연히 예측했습니다. 또한, 「배출권거래」라는 용어로부터도 금융의 이미지가 강하게 느껴졌습니다.

저자는 카본오프셋의 가능성을 믿고, 관련 서비스를 개발하고 기업대상으로 서비스를 적극적으로 제공했습니다. 이에 더해 정부의 등록부(National Registry: 거래내역 기록 및 저장을 위해 집행위가 제안한 회원국 별 등록부-역자 주)에 등록하고 직접 배출권거래에 참여했습니다.

예상한대로, 비즈니스시장은 조금씩 움직이기 시작했습니다. 「카본오프셋 프로바이더(Carbon offset provider)」로 명명하고 기업의 환경활동을 지원하는 회사도 새롭게 등장했으며, 1년 정도 지나자 관련 회사가 20개사 이상으로 크게 늘어 났습니다. 그 후 시장은 더욱더 확장되어 이것이 환경과 비즈니스가 융합하는 계기가 될 거라는 확신을 느끼기도 했습니다.

하지만, 이러한 희망은 오래가지 못했습니다. 바로 어두운 기운이 덮치기 시작했습니다. 2008년 9월 15일, 우리 모두가 기억하고 있는 리먼 쇼크(미국의 서브 프라임 모기지사태로 인해 투자은행인 리먼 브라더스가 파산신청을 하면서 그 영향이 전세계로 확산되어 경제위기가 초래된 사건-역자 주)가 발생한 것입니다. 리먼 쇼크 이후, 기업은 더 이상 이상적인 환경공헌을 거론할 수 없는 분위기가 되었습니다. 1년 가까이를 거쳐 준비한 계획이 한순간에 물거품이 되었습니다. 대부분의 카본 오프셋 프로바이더 업체는 사업을 축소하거나 시장에서 이탈했습니다. 이런 상황으로 수년이 지나자, 어느 누구도 「카본 오프셋」이나 「배출권거래」를 거론하지 않게 되었고, 어느 새인가 완전히 과거의 일이 되어 버렸습니다.

선배의 조언이 눈 앞에 현실로 나타난 것입니다. 기업에게 환경공헌은 「해도 되고 경우에 따라서는 무리해서 하지 않아도 되는 것」이었던 것입니다.

눈 앞에서 돌연 사라져버린 시장을 지켜보면서 비즈니스의 흐름을 정확히 읽어내지 못했던 자신의 미숙을 실감했습니다.

탈탄소는 일시적 붐인가 중장기 트렌드인가

　독자 여러분 가운데에는 제가 경험한 당시 상황을 기억하고 계신 분도 있으실 것입니다. 최근 「탈탄소」에 대한 사회적 관심을 「카본오프셋 때가 재현되는 데자뷰(Deja-vu)」와 같이 느끼는 분도 계실 거라고 생각합니다.

　리먼 쇼크로 일본의 기업은 환경공헌 활동으로부터 「일제히」손을 떼게 되었습니다. 그리고 지금은 신형 코로나위기로부터 한시라도 빠른 「경제회복」에 매진하고 있습니다. 기업 입장에서는 살아남기 위해 환경을 배려할 여유가 없어질 수도 있습니다. 「이번에도 그 때와 크게 다르지 않은 결말로 끝날 것이다」라는 의견을 피력하는 회의적인 분도 있는 것은 당연한 것입니다. 열심히 활동하신 분일수록 그렇게 생각할 수 있습니다.

　그러나 **금번 탈탄소 트랜드는 경영자 및 비즈니스맨에게 무시할 수 없는 존재가 될 가능성이 무척 높습니다.** 본서를 통해서도 자세히 소개할 계획입니다만, 탈탄소가 중장기 트랜드로 자리잡아 가고 있기 때문입니다.

　비즈니스에서는 일시적 붐과 중장기 트랜드를 구별하는 것이 매우 중요합니다.

일시적 붐은 단기간에 급부상하지만 수년도 유지되지 못하고 사라지기 때문에 「자사에 미치는 영향」에 대해 그렇게까지 어렵게 생각할 필요는 없습니다. 그러나 트랜드는 중장기적으로 지속적으로 영향을 미치기 때문에 정확하게 파악해서 「자사의 대응 방향」을 면밀히 검토할 필요가 있습니다.

최근까지 영향을 미쳤던 트랜드 중 하나가 「기업의 IT화」입니다. 기업의 IT화는 1990년대 후반부터 진전되었지만, 당초엔 IT화에 대해 회의적인 견해를 가진 경영자도 다수 있었습니다. 그러나 IT화 자체가 트랜드로 자리잡고 지금은 디지털화라는 형태로 더욱 가속화되고 있습니다. IT화를 일시적 붐으로 착각해서 대응을 지연시킨 경영자는 모처럼 찾아온 수익 기회를 상실하고 시장에서 퇴출되었습니다.

본서 전반을 통해 꼼꼼히 전달하겠지만, 금번 탈탄소의 흐름은 일시적 붐이 아니라 트랜드일 가능성이 매우 높습니다.

트랜드는 일직선으로 성장하지 않는다

탈탄소가 트랜드라 하더라도 다소 번거로운 측면은 여전히 존재합니다. 그것은 성장을 예측하는 것이 어렵다는 점입니다. 기업이 적절히 트랜드에 대응하기 위해서는 어느 정도의 속도감으로 시장이 성장해 나갈 것인가를 예측할 필요가 있습니다. 그러나 문제는 이러한 예측이 지극히 어렵다는 것입니다. **왜냐하면 트랜드는 선형이 아니라 비선형으로 성장하기 때문입니다.**

선형적인 성장이란 「올해는 10, 내년은 20, 내후년은 30」처럼 직선적인 성장을 보이는 것을 말합니다. 매일 액셀을 사용하고 있는 탓인지, 우리들은 선형적인 변화에 매우 익숙해져 있습니다. 그로 인해, 트랜트에 대해서도 당연하듯이 선형적인 성장을 상정합니다. 만약 시간에 비례해서 선형으로 성장한다면 「3년 후에는 이 정도가 될 것이다」라는 식으로 예측하는 것이 일반적입니다.

그러나 비선형인 경우, 급속하게 진전된 후에나 알아차리는 경우가 많습니다. 즉, 트랜드는 비선형으로 성장하는 것입니다. 어느 특정 시점까지는 트랜드의 성장이 그렇게까지 빠르게 느껴지지 않습니다. 하지만, 잠시 한 눈을 팔고 다른 생각을 하고 있으면 급성장하기 때문에 인지한 시점에서는 따라잡기가 매우 어려워집니다.

스마트폰의 보급 및 넷플릭스 등의 구독(Subscription) 서비스, 온라인회의 시스템의 보급은 비즈니스 트랜드가 비선형으로 성장한 전형적인 예입니다.

우리들에게 우선적으로 요구되는 것은 「탈탄소가 일시적 붐인지 아니면 중장기적 트랜드인지」를 구별하는 것이며, 트랜드라고 판단된 경우에는 「비선형으로 성장한다는 것을」 잊어서는 안 됩니다.

그림 2 트랜드의 움직임

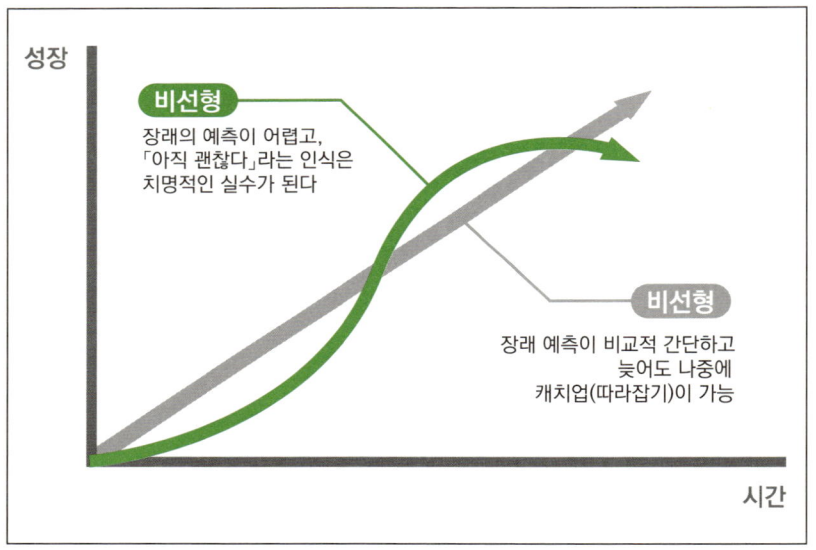

갈라파고스의 전철을 밟지 않기 위해서

도코모(Docomo-일본의 최대 이동통신사-역자 주)가 시작한 획기적인 서비스로 i-mode가 있습니다. 까마득한 느낌마저 들긴 합니다만, 통화와 메일밖에 되지 않았던 시대에 휴대전화로 인터넷이 가능하게 한 새로운 영역을 개척했다는 점에서는 크게 평가받은 서비스였습니다.

1999년에 서비스를 개시하고 2005년 경까지는 도코모의 i-mode를 비롯하여 au의 EZweb을 주력 상품으로 일본의 휴대전화는 전세계 트랜드를 주도했습니다. 그리고 일본의 휴대전화 비지니스모델을 전세계로 확대하려는 노력도 활발히 추진되었습니다. 외국 업체와의 제휴가 월례행사처럼 빈번히 발표되는가 한편, 국내에서도 휴대전화를 중심으로 한 콘텐츠산업이 개화하기 시작했습니다.

한 때 전세계를 호령했던 일본의 휴대전화산업. 그러나 발전의 방향을 잘못 설정하여 결과적으로는 글로벌 경쟁에서 크게 뒤쳐지고 말았습니다. 모든 것을 스마트폰에게 빼앗겼던 것입니다.

스마트폰이 처음 발표되었을 때,「일본에서는 유행하지 못할 것이다. 휴대전화로도 충분하며 별 다른 충격은 없을 것」이라는 의견이 대부분이었습니다. 당시 스마트폰은 배터리가 순식간에 방전되는 치명적인 문제점이 있었습니다. 저자도 당시 충전 때문에 여분의 배터리를 2개나 가지고 다녔으며, 매우 불편하게 스마트폰을 사용했던 기억이 있습니다. 그러나 3년도 지나지 않아 배터리 성능은 크게 개선되었고 앱도 충실해지면서 결과적으로 일본의 휴대폰 제조사 대부분은 시장에서 퇴출당했습니다.

어떠한 발명도 세상에 등장한 초기에는 실용적 가치가 낮고 「장난감」정도로 치부되기도 합니다. 그것이 어느새 점점 개선되어 정신을 차려보면 강력한 경쟁상품으로 부상하기도 합니다.

예전에 필름카메라와 디지털카메라도 그러한 관계였습니다. 해당 업계의 만연되어 있는 사고에 푹 빠져있으면, 아무래도 「장난감」에서 「경쟁」상대가 될 때까지의 시간을 착각하게 됩니다.

휴대전화가 갈라파고스라고 말해질 정도로 일본시장에 최적화된 형태로 진화한 것도 오히려 약점으로 작용했습니다. 갈라파고스는 어디까지나 「휴대전화와 기타」라는 접근법에 머물고 만 것입니다. 이에 비해 스마트폰은 「통화는 수 백 가지 기능 중 하나일뿐」이라고 상품을 재정의하고 진화를 거듭했던 것입니다.

  향후 탈탄소사회로의 이행이라는 큰 흐름 가운데, 거의 모든 산업에서 대전환이 발생할 것입니다. 현재의 인기상품을 꾸준히 버전 업 하면 큰 문제없이 소비자들에게 받아들여질 것이라고 단언할 수는 없습니다. 갈라파고스의 전철을 밟아서는 안 됩니다. 전세계를 끌어들인 바람의 흐름을 끊임없이 의식하지 않으면 안 됩니다.

1.2 글로벌 돈의 흐름을 파악하라!

「언젠가 여유가 생기면」이라는 고정관념

젊은 세대에게 익숙한 사고방식이 있습니다. 그것은 「환경공헌은 기업이 애써 할 필요가 있는 것은 아니다. 한다면 충분히 여유가 생긴 다음에 하면 된다」라는 것입니다.

사회공헌, 환경공헌 자체를 부정하지는 않지만, 이는 기업에게 어디까지나 비용이며 이익을 저해한다는 고정관념입니다. 「사회 및 환경에 대한 공헌활동을 활발히 펼치는 것은 좋지만, 회사 실적이 하락한다면 본말전도다」라는 목소리도 있습니다. 「사회·환경공헌 활동 = 비용 상승」이라는 심리적 허들이 많은 현역 세대에 퍼져있기 때문이겠지요.

그렇다면 왜 「사회 및 환경에 대한 공헌활동은 부차적인 것」이라는 이미지가 폭넓게 자리잡고 있을까요? 이유 중 하나는 「기업은 경제활동에만 집중해서 성과를 내면 충분」이라는 주장이 다수 전문가로부터 제기되었고, 그것이 사회 다방면에서 공유 및 확산되고 있다는 점이 영향을 미친 것입니다.

예를 들어 1976년 노벨 경제학상을 수상한 밀튼 프리드만은 「The social responsibility of business is to increase its profit(비즈니스의 사회적 책임이란 이익을 올리는 것이다)」이라는 사설을 뉴욕타임즈에 기고했습니다. 프리드만과 같은 저명한 학자의 생각에 계몽되어 「사업에만 집중하면 자신도 국가도 풍요로워 질 것이다!」라고 주문처럼 귀에 딱지가 생길 정도로 들었기 때문일 수도 있습니다.

일본이 경제성장을 이루던 쇼와(1926.12~1989.1까지 히로히토 일왕의 재위 기간-역자 주)는 그러한 시대였던 것일까요? 저자도 어린 시절부터 「돈을 벌어야 비로소 사람 구실을 하는 것이며, 우선은 가족을 부양하는 것이 중요하다. 일을 열심히 하는 것이 결국 사회에 공헌하는 것이다」라는 말을 믿고 자라온 세대입니다.

또 다른 하나의 예를 들면, 「A인지 B인지」와 같은 선택은 결정하기 쉽다는 이유도 있습니다. 「자사의 성장인지 사회공헌인지」로 하면, 양자택일의 선택 문제가 되어 둘 중 하나를 선택하면 됩니다.

기업이 우선해야 하는 목표와 관련하여 「자사의 성장이냐 아니면 사회적 공헌이냐」라는 선택문제로 접근하면, 당연 「자사의 성장」을 선택합니다. 그 결과, 기업경영에서 자사의 성장을 위해서라면, 사회공헌에 대해 그렇게까지 생각할 필요는 없다라는 암묵의 규칙이 생기게 됩니다.

전세계 돈은 어디로 향하고 있는가

　최근까지도 CSR(기업의 사회적책임) 활동 및 Cause Related Marketing(상품을 구입하여 환경보호 및 사회적 공헌을 응원할 수 있는 캠페인) 등 「경제활동과 사회·환경활동」의 융합을 도모하려는 시도가 있었습니다. 다만, 사회 전반적인 확산에는 이르지 못했습니다. 아직 「사회적 공헌은 정부 및 NPO의 영역이다」, 「기업은 돈이 남을 때에 기부하면 충분」이라는 사고가 뿌리깊게 남아 있기 때문일까요.

　기업은 다양한 이유를 들면서 돈과 직결되지 않은 「환경 및 사회공헌」에 소극적으로 관여해 왔습니다. 기후위기 및 지구온난화는 어디까지나 강 건너 불구경이고 탈탄소에 대해서도 「반대하지는 않지만 관심은 있다」라는 관망적인 자세가 경영자 및 비즈니스맨의 일반적인 시각일 것입니다.

　그렇다면 이제까지와 같이 앞으로도 「경제활동과 사회·환경활동」은 상반되는 관계로 지속될 수 있을까요?

　결론부터 말하면 세계의 흐름이 변화하기 시작했습니다. 전

세계 돈이 기후위기에 대한 대응을 요구하기 시작하고 있습니다. 투자처, 융자처인 기업에「이익만 올리면 된다」에서「이익과 환경공헌 모두」로 요구하기 시작하고 있습니다.

연금기금와 투자가를 비롯해 금융기관은 기후위기 및 지구온난화를 환경문제로만 받아들이는 것이 아니라, 경제 및 기업도 포함시킨 포괄적인 문제로 이해하기 시작한 것입니다.

예를 들어 ESG(Environment, Social, Governance) 스코어가 높은 주식이 수요가 크고 그렇지 않은 주식은 수요가 작습니다. 2020년 전세계 ESG투자액은 약 3.9경에 달하고 있으며, 이는 전체 운용자산의 약 36%나 됩니다.

일본에서도 ESG투자의 시장규모는 급속히 증가하고 있습니다. 재생가능에너지, 환경부동산(Environmental Real Estate: 환경성 설계, 에너지절약 구조 및 CO2저배출 자재로 건축된 부동산-역자 주) 등의 환경사업에 자금을 투자하는 채권인 그린본드의 잔고도 지속적으로 증가하고 있습니다.

「자사의 이익과 사회공헌」의 동시 달성이 어렵다는 점에는 변함이 없습니다. 그러나, **연금기금, 투자가를 비롯해 금융기관은 양립실현을 목표로 하는 기업을 찾고 있습니다.**

리스크가 커질수록 줄여야 한다는 조급증도 증가한다

왜 돈의 흐름이 변하기 시작한 것일까요? 여기에는 몇 가지 이유가 있습니다만, 그 중 하나는 「세계는 리스크로 가득 차 있기」 때문입니다.

아시아 및 중동지역의 분쟁, 신형 코로나바이러스와 같은 판데믹, 사이버공격의 일상화 등 전세계는 다양한 형태의 리스크 요인을 안고 있습니다.

여러 리스크가 동시에 발생하면, 우리들의 사회, 경제 및 일상생활에 미치는 피해는 보다 심각해집니다. 예를 들어, 신형 바이러스가 만연하여 외출이 불가능해진 시기에 대규모 자연재해가 발생한 경우, 복구작업은 원활하게 진행되지 못하고 피해는 평상시보다도 더욱 심각해질 것입니다.

다양한 리스크가 현재화되면 될수록, 「억제할 수 있는 리스크는 최대한 억제해 두려는」 심리가 발동합니다. 투자가 및 금융기관은 돈의 흐름을 사용하여 기후위기가 초래하는 리스크를 억제하고자 원하기 시작한 것입니다.

기업을 위협하는 다양한 리스크

기후위기 및 지구온난화가 진전되는 과정에서 기업에게 닥칠 리스크에는 어떠한 것이 있을까요? 이와 관련한 논의를 정리해보려고 합니다.

리스크는 먼저 「직접리스크」와 「간접리스크」로 분류할 수 있습니다.

직접리스크는 해면 상승 및 이상기상 등이 기업의 사업에 영향을 미칠 리스크입니다.

예를 들어, 점포 및 공장의 재해, 농작물의 피해, 직원의 건강피해 등도 직접리스크입니다. 비교적 상상하기 쉬운 경우입니다.

이에 비해, 간접리스크는 조금 복잡합니다. 대표적으로 「이행리스크」가 있습니다. 여기서 「이행」이란, 탈탄소사회로 이행해 가는 것을 의미하고, **기업이 탈탄소사회로의 이행에 충분히 대응하지 못해 실적이 하락할 리스크입니다.**

이 외에도 「소송리스크」가 있습니다. 기업이 소비자 등으로부터 기후위기에의 대응 미비로 고소당할 리스크입니다. 실제로 기후위기 관련으로 기업 및 정부를 상대로 한 소송은 증가하고 있습니다. 예를 들어, 석탄화력발전소 신설 중지를 위한 소송 및 산림보전 등의 환경보호를 소홀히 한 행정에 대한 소송 등이 대표적입니다. 2020년은 전세계 30개 국 이상에서 1,500건을 상회했다는 조사도 발표되었습니다.

예측불능이 만들어 낸 부(負)의 연쇄작용

예측할 수 있으며, 미래를 내다볼 수 있다는 것은 매우 중요합니다. 예측할 수 없다면 불필요한 행동을 하게 되거나 애당초 대응을 위한 행동을 취할 수 없게 되기 때문입니다.

예를 들어 내일부터 3박 4일의 등산 여행을 계획하고 있는데, 「4일간 날씨가 어떻게 될 지 전혀 모르는」상황이라면 어떨까요? 우산은 필요한 지 양복은 충분한 지 방한에는 문제가 없는지 나름 빠짐없이 준비해도 불안에 휩싸이게 됩니다. 결과적으로 쓸데없이 준비하는 물건이 크게 늘어납니다. 불안이 가중된 나머지, 최종적으로 등산 여행을 취소하게 될 수도 있습니다.

우리들은 어느 정도의 예측이 가능하기 때문에 과감히 행동할 수 있는 것입니다.

지구온난화에 대해서는 앞으로 어느 정도 기온이 상승할 것인가에 대해 여러 가능한 시나리오가 보고되어 있습니다.

당연히 1.5도 기온상승의 경우와 4도 기온상승의 경우는 우리들의 생활에 미치는 영향이 크게 다릅니다. 기온이 4도 상승한 경우는 폭우에 의한 수해, 대형 태풍, 폭서의 증가, 해면의

70센티 이상의 상승이 우려되고 있습니다.

보다 심각한 것은 실제로 온난화가 「어느 정도의 속도로 어느 정도까지 진전될 것인가, 30년 후의 사회에 어느 정도의 영향을 미칠 것인가」에 대해 누구도 알 수 없다는 것입니다.

어느 정도의 속도로 어느 정도까지 진전될 것인가를 알 수 없다는 것은 비즈니스에서는 큰 장애요인이 됩니다. 기온 상승이 1.5도로 억제될 것인가 아니면 4도 상승을 각오할 필요가 있는가를 알 수 있다면 어찌되었든 대책을 강구할 수 있습니다. 그러나, 어느 쪽도 일부 가능성이 있다고 한다면 자사의 장래에 어떤 영향이 있을 지를 예측하기 어려워집니다. 장기적 시점에 입각한 사업에 대한 투자 계획을 세우기가 불가능해집니다.

예를 들어, 공조기 제조업체의 경우, 온난화의 영향으로 10년 후 제품 매출에 대한 예측이 곤란해진다면, 신제품 개발 및 공장 신설을 위한 전략적 판단이 어려워집니다. 돌발적인 자연재해를 우려해서 사업의 확대 및 새로운 지역으로의 진출을 주저하는 소매점 및 음식점도 생길 것입니다. 식품제조업체라면 수확량 예측이 곤란해지며 상품 생산에 차질이 생길 것입니다. 기업의 다양한 리스크를 감안하는 보험회사도 장래의 재해가 예측되지 않는 경우, 보험 가입 자체를 확대시킬 수 없게 됩니다.

예측불능한 상황에 처하면 누구나 위축되게 됩니다. 기업이 적극적인 행동을 취할 수 없다면 경제 전반적인 침체가 초래됩니다. 그렇게 되면 돈의 순환도 정체됩니다. 돈이 순환하지 않게 된다면 주가의 하락, 대량해고, 소비의 부진이라는 부의 악순환에 빠질 수도 있습니다.

최악의 사태이긴 하지만 이러한 상황도 우려되고 있습니다.

재무정보를 의심하라!「보이지 않은 것을 보고자 하는」욕망

재무제표에는 BS(대차대조표), PL(손익계산서) 및 CF(현금흐름표)가 있습니다. 이제까지는 기업의 BS, PL 및 CF 등의 재무정보를 확인하는 것으로 대략적인 기업의 재무상태 및 가치를 파악할 수 있었습니다.

그러나 한편으로 **재무정보로는 읽어낼 수 없는 정보에 대한 관심이 커지고 있습니다.** 읽어낼 수 없는 정보란 예를 들어 경영전략, 경영과제, 리스크 및 거버넌스와 관련된 정보 등입니다.

이러한 정보를 총칭해서「비재무정보」라고 부르기도 합니다. **이러한 비재무정보를「어떻게 해서든 알고싶은」욕망이 세계적으로 커지고 있습니다.** 그렇게 할 수만 있다면 단기 이익에 집착하고 지속가능한 대응을 등한시하는 기업을 찾아낼 수 있기 때문입니다.

  이른바, 정직한 사람이 바보취급 당하는(손해를 보는) 상황을 방지할 수 있고, 장기적 시야를 가진 기업을 찾아내 지원할 수 있기 때문입니다.

최근 들어 기업의 비재무정보를 수치화하는 움직임이 활발해지고 있습니다. 알기쉽게 말하면 비재무정보에 가격을 매기는 것입니다. 비재무정보에 가격을 매기는 것은 최근 10년간 지속적으로 시도되어 왔으며, 다양한 시행착오도 있었습니다.

  전세계 다양한 단체에서 제안된 수법들이 시간이 지남에 따라 공통화(표준화)가 진전되고 있습니다. 공통화하는 것은 매우 중요합니다. 공통화되면 기업간 비교가 가능해지며 우열의 평가도 하기 쉬워지기 때문입니다. 적절한 평가가 공유된다면, 기업측의 관심 및 참가 의욕도 높아질 것입니다. 비재무정보의 적극적인 개시를 자사의 성장 기회로 받아들이는 기업도 나타나고 있습니다.

  「본래 수치화할 수 없기 때문에 비재무라고 분류된 것이다」, 「정말로 적절하게 수치화할 수 있는 성질의 것인가」라고 비재무정보의 수치화 자체에 의심을 갖는 독자분들도 있을 것이라고 생각합니다. 하지만, 비재무정보를 어떻게든 수치화해서 평가할 수 있게 함으로써 기업의 행동을 변화시켜 가고자 하는 움직임 역시 확대되고 있습니다.

번역하기 어려운 용어 「이니셔티브」에 대해서

　비재무정보를 파악하기 위한 지표로 만들어진 것이 **「국제적 이니셔티브」**입니다.

　「이니셔티브」는 일반적으로는 「주도권」 등으로 번역되지만, 탈탄소의 문맥에서 자주 사용되는 「국제적 이니셔티브」 등의 표현에서는 의미가 다소 달라집니다.

　굳이 풀어서 설명한다면 「솔선하여 참가가 기대되는 국제적 제도」라고 할 수 있을 것입니다.

　기후위기 대응과 관련, 앞서 언급한 비재무정보에 초점을 맞춘 「국제적 이니셔티브」가 다수 존재합니다. 예를 들어 TCFD(기후변화 관련 재무정보 공개협의체 : Task Force on Climate-related Financial Disclosure), CDP(탄소정보공개 프로젝트 : Carbon Disclosure Project), RE100 등이 있습니다. 동 이니셔티브는 기업의 참가가 의무적인 것은 아니지만, 참가하는 것이 「바람직하다」라는 입장을 취하고 있습니다.

　본서에서 비재무정보 공개와 관련된 모든 「국제적 이니셔티브」를 소개할 수는 없지만, 그 중 대표격인 TCFD에 대해서는 간단히 소개하고자 합니다. TCFD는 기업의 기후위기 대응 및 영향에 관한 정보를 공개하는 툴(tool)입니다. TCFD를 소개하는 것은 「국제적 이니셔티브」 중에서도 가장 활동이 활발하고 일본기업도 다수 참가하고 있기 때문입니다.

TCFD의 주요 구성원에는 저자가 예전부터 주목하고 있는 세계적 대부호 마이클 블룸버그도 포함되어 있습니다.

그는 1980년 39세 때에 사내 정치에 휘달려 오랜기간 재직했던 투자은행인 솔로몬 브라더스로부터 쫓겨났습니다. 그 때 받은 퇴직금이 약 100억 원으로 알려졌습니다. 이 정도면 은퇴하고 유유자적하게 지낼 수 있었지만, 그는 해고에 대한 반감으로 업계로의 역습을 시도했습니다. 그 때 돌파구로 삼은 것이 금융업계에 정보산업이라는 새로운 접근법을 도입한 것입니다. 그는 이를 배경으로 큰 성공을 거두었으며, 엄청난 부를 축적하고 나중에는 뉴욕시장으로도 활약했습니다.

금융업계에 「정보」라는 새로운 개념을 도입하고 글로벌 서비스로 성장시킨 선견지명과 수완 그리고 끈기를 저자는 높게 평가합니다. 그리고 이것이 탈탄소사회로의 대전환과 통하는 부분이 있다고 생각합니다.

TCFD사이트(https://www.fsb-tcfd.org/) 첫 페이지에는

블룸버그가 출연한 동영상이 게재되어 있습니다. 그는 영상에서 「코로나가 경제에 미치는 영향도 막대하지만, 기후위기가 미치는 영향은 더 막대하다」라는 취지의 발언을 하고 있습니다.

TCFD는 기후리스크에 대한 대응을 기업과 금융기관의 양쪽 모두에게 요구하고 있습니다. 특히 기업리스크의 명확화를 주요한 목적으로 삼고 있습니다. 기업리스크를 명확히 하고 적절하게 공개하는 것에 중점을 두고 있습니다.

TCFD는 2017년 6월에 최종 보고서를 공표하고 기업을 대상으로 기후위기관련 리스크 및 기회에 관한 4개의 주제에 대해 공개하도록 제안하고 있습니다.

1. 거버넌스 : 어떠한 체제로 검토하고 있으며, 검토 결과를 기업경영에 반영하고 있는가

2. 전략 : 단기, 중기 및 장기에 걸쳐 기업경영에 어떠한 영향을 미칠 것인가 또는 그것에 대해 어떻게 생각했는가

3. 리스크관리 : 기후변화 리스크에 대해 어떻게 특정화하고 평가하고 또한 저감하려 하고 있는가

4. 지표와 목표 : 리스크와 기회 평가를 위해 어떠한 지표를 이용하여 판단하고 목표에 대한 성취도를 평가하고 있는가

    2021년 10월에는 새로운 가이던스가 발표되었고 기업이 파리협정에 의거한 넷제로(Netzero) 이행 계획을 공개하는 것을 지원하기 위해 스코프1, 2, 3 의 온실가스 배출량 등 7개 분류 기준 별로 지표의 정보공개도 추가되었습니다.

    일본에서는 2021년 6월 상장기업을 대상으로 한 가이던스 격으로 「코퍼릿거버넌스 코드 개정판」이 발표되었습니다. 최상위 시장(프라임)에서는 TCFD 에 의한 환경정보공개가 강하게 제안되고 있는 것입니다.

한편, 미상장기업 및 중소중견기업과는 관련이 없는가 하면 그렇지 않습니다. **상장기업은 TCFD에 대응하기 위해서 TCFD 대응 항목을 거래처에도 요구하게 됩니다.** 그렇기 때문에 상장기업과 거래하는 미상장기업 및 중소중견기업에게도 규모와 상관없이 탈탄소의 추진은 필수적인 사항이 됩니다.

    TCFD, CDP, RE100, SBT(Science based targets) 등의 다

양한 「국제적 이니셔티브」가 생겨난 것은 무엇을 시사하는 것일까요. 앞서도 언급한 것처럼 이것이 의미하는 것은 각각이 독자적으로 추진했던 시대에서 세계 전체로서의 방향성 설정 및 이와 관련 컨센서스가 형성되고 있다는 의미입니다. 2010년대는 「국제적 이니셔티브」가 탄생하고 사회 전반에 침투해 가는 시기였습니다.

  기업에게 「국제적 이니셔티브」는 의무사항이 아니기 때문에 무시할 수도 있습니다. **그러나 무시하기로 결정하는 것은 리스크를 안게 된다는 것을 의미합니다.** 각 이니셔티브에의 참가 여부는 능동적으로 검토해 나가는 것이 중요합니다.

  그 때 「이니셔티브가 제출을 요구하는 정보가 무엇인가」에 더해, 누가(어떠한 백그라운드를 가진 사람이) 주체가 되어 어떠한 목적으로 설립했는지도 주목하면 이해가 더욱 깊어집니다. 물론 자사가 대응해야 하는지 여부에 대한 판단에도 도움이 됩니다.

여전히 생소한 3단어

  기업에서 탈탄소 대응을 시작하게 되면 앞서 언급한 「이니셔티브」 이외에도 좀처럼 익숙해지지 않은 단어들을 접하게 됩니다. 여기에서는 저자가 중요하다고 생각하는 세 개의 단어들을 소개하고자 합니다. 첫 번째는 외부불경제, 두 번째는 다이베스트먼트 그리고 세 번째는 좌초자산입니다.

① 「외부불경제」 시대

부지불식간에 주위에 불편을 끼치는 경우가 있습니다. 그러한 것은 누구에게나 있을 것입니다. 나중에 불편을 끼치고 있다는 것을 알아차리고 조금 창피해지기도 합니다.

「외부불경제」란 예를 들어, 기업활동이 주위의 주민 및 환경에 악영향을 미치는 것입니다. 저자가 어린 시절 자주 TV뉴스에서 흘러나왔던 공해문제도 「외부불경제」의 한 예입니다.

죠지 아키야마의 만화 「죠니게바(돈을 위해서라면 무엇이든 하는 사람을 의미-역자 주)」를 읽어보신 적이 있는 분들이라면, 「죠니게바」의 주인공 「후타로」를 생각해 보시길 바랍니다. 그는 자사가 유발시킨 공해문제에 대해 마지막까지 인정하려 하지 않았습니다. 정치가에게 뇌물을 제공하고 주민에게 압력을 가하는 방식으로 공해문제를 해결하려 합니다. 「외부불경제」를 무마하려고 획책한 것입니다.

「죠니케바」의 무대는 1970년대로 당시는 후타로와 같이 자사의 이익만을 최우선시하고, 외부에서 어떤 일이 발생해도 상관없다는 자세를 취할 수 있었습니다. 왜냐하면 지금보다도 기업활동과 환경오염과의 인과관계의 증명 및 증거를 모으는 것이 어려웠기 때문입니다. 그래서인지, 오염을 유발시킨 해당 기업이 아니라 사회전체가 그 비용을 부담하여 해결했습니다. 그러나 현재는 그러한 「무마」가 통용되지 않는 시대가 되었습니다. 왜냐하면, 정보를 더 이상 숨길 수 없게 되었기 때문입니다. 디지털화에 의해 다양한 데이터를 취득할 수가 있고 소셜미디어의 발전 등으로 기업의 정보조작 및 은폐가 점점 어려워지고 있습니다. 또한, 내부고발 사례도 늘고 있습니다. 「외부불경제」가 세상에 고스란히 드러나는 시대가 된 것입니다.

지구온난화에 영향을 미치는 온실가스 배출에 대해서도 유사한 움직임이 진행되고 있습니다. 온실가스를 배출한 기업에게 비용부담이라는 형태로 책임을 지우려는 움직임입니다.

비유해서 말한다면, 예전에는 자신의 집에서 배출한 쓰레기를 부지 밖으로 버렸습니다. 주변에 사는 주민은 매우 곤란했습니다. 하지만 누가 버렸는지 알 수 없었기 때문에, 「손쓸 방법이 없다」고 생각해서 포기하고 모두가 함께 치웠습니다. 하지만, 방법카메라를 설치하면 범인을 알 수 있습니다. 언제, 무엇을, 얼마나 버렸는지도 알 수 있습니다. 쓰레기를 버린 사람에 대한 주위 사람들의 반응은 점점 차가워집니다. 그리고 쓰레기도 자신의 부지 안으로 가지고 오지 않으면 안 되는 규칙이 생겼습니다.

결국, 최종적으로는 배출한 회사 스스로가 책임을 지게 됩니다. 그러한 시대가 된 것입니다.

② **다이베스트먼트**

다이베스트먼트는 일반적으로 「투자철회」라고 번역됩니다. 투자=인베스트먼트의 반대인 셈입니다.

탈탄소의 문맥에서는 「바람직하지 않은 기업에 대한 투자를 실행하지 않는다」라는 의미로 사용됩니다.

연금기금, 투자자 및 금융기관은 투자처와 융자처 기업을 대상으로 「외부불경제」에의 관여 여부를 조사합니다. 게다가 기후변화 대응에 소극적인 기업으로부터는 돈을 거두어들입니다(다이베스트먼트). 그들에게는 **지구환경에 배려하지 않은 기업은 리스크 그 자체**입니다. 단기적으로는 이익을 올리고 있다 하더라도 장래적으로 소비자로부터의 소송, 불상사의 발각 등으로 주가가 급락할 우려가 있기 때문입니다.

한편으로, 탈탄소화를 적극적으로 추진하는 기업, 기후변화 및 지구온난화 대책에 공헌할 수 있는 기업에 대해서는 과감하게 투자 및 융자를 실행합니다(인베스트먼트).

막대한 자금을 운용하고 있으면 있을수록 장래를 예측하여 보다 장기적으로 안전하고 착실히 성장하는 기업에 투자하고자 합니다.

구체적으로는 석탄, 석유관련 기업으로부터의 다이베스트먼트가 진전되고 있습니다. 정부계 펀드 및 연금기금은 2015년경부터 다이베스트먼트를 추진하기 시작했습니다.

다이베스트먼트의 흐름을 반영하여 일본의 상사 및 은행도 석탄화력의 신규 개발 정지, 신설 발전소 대상 융자 중지를 발표했습니다. 90년 이상 다우존스 산업평균지수에 편입되었던 석유기업인 엑슨 모빌이 2020년 다우존스 산업평균지수에서 제외된 것도 이러한 시대의 흐름이 반영된 것이라 할 수 있습니다.

놀라운 일 일수도 있지만, 다이베스트먼트는 「우리들의 의지」이기도 합니다. 우리들은 장기적인 안전을 희망합니다. 우리들의 돈이 맡겨진 금융기관은 그것을 실현해 줄 기업에 투자 및 융자를 실행하고, 기업에 지속가능한 성장을 요구합니다. 다이베스트먼트는 우리들의 장래에 「터무니없는 사건이 발생하는 것을 원하지 않는다」라는 의견이 집약된 조치로 이해할 수 있습니다.

③ 좌초자산

좌초자산이란 자산이라고 생각하고 있던 것이 어느 날 갑자기 부채가 된 경우를 지칭합니다.「배가 좌초해 버렸다!」라고 말할 때 좌초입니다. 어제까지 가치가 있다고 생각하고 있던 것이 갑자기 그 가치가 사라져버린 상황을 말합니다.

탈탄소의 문맥에서는 석탄, 석유, 천연가스 등 화석여연료의 좌초자산화가 주목을 받고 있습니다. 예를 들어 자원회사에 가치가 있다고 말하는 경우는 향후 채굴할 수 있는 화석연료에 대한 권리를 많이 보유하고 장래에 수익이 기대되기 때문일 겁니다. 장래의 수익이 기업가치에 반영되어 있는 것입니다. 그러나 탈탄소의 흐름에서「더 이상 자원을 채굴할 수 없는」상황이 된다면 기업가치는 폭락할 것입니다.

석유 수요는 코로나로 인해 크게 감소되었습니다. 일부 전문가는 석유 수요가 피크를 지나갔다고 분석하고 있습니다. 이에 더해, 석탄화력발전의 가동을 중지시키는 시기를 둘러싸고 각국은 앞장서서 발표하고 있습니다(프랑스는 2022년, 영국은 2024년, 이탈리아 2025년, 스페인 2030년 캐나다 2030년, 독일 2038년). 한 때 검은 다이아몬드라고 말해졌던「석탄」은 그 빛을 잃어버리기 시작했습니다.

이미 글로벌기업은 신속하게 보유자산의 교체를 서두르고 있습니다. 좌초자산의 보유를 줄이기 시작한 것입니다. **좌초자산이 될 것 같은 권리를 매각하고, 매각으로 얻은 자본으로 탈탄소사회에서 성장이 유망한 기업을 매수하고 있습니다.**

대표적인 사례로,「쉘」의 동향을 소개합니다. 이미 알고 계신 독자분도 많을 것으로 생각합니다만, 동사는 유럽 최대규모의 에너지 그룹입니다. 전세계 145개국에 진출해 있으며, 47곳 이상의 제유소와 4만 점포 이상의 주유소를 보유하고 있습니다.

쉘사는 온실가스 배출량을 2050년까지 실질적인 제로로 하는 야심적인 중장기전략을 발표했습니다. 새로운 비즈니스기회 창출을 목표로 조넨(Sonnen)이라는 유럽 최대 규모 축전지제조사도 매수했습니다. 이 외에도 수 십개 사의 매수 및 사업제휴를 단행했습니다. 20세기 석유산업을 이끌었던 쉘사는 좌초자산을 과감하게 포기하고, 탈탄소사회에서의 에너지 플랫폼으로의 포석을 착실히 준비하고 있습니다.

앞으로 기업은 IQ만으로는 살아남기 어렵다!

이미 언급했지만, 향후 기업에게는 IQ(지능지수 : Intelligent Quotient)에 더해 EQ(Emotional Quotient)까지도 요구되

고 있습니다. EQ는 마음의 지능지수라고도 불리고 있습니다.

IQ=지능지수, 사고력 및 문제해결력이 높다
EQ=감정지수, 스스로 공감하고 공감을 얻을 수 있는 능력

   기업의 PL 및 BS 등의 재무제표가 IQ를 나타낸다고 한다면, 현 시점에서 요구되는 것은 재무제표로는 알 수 없는 부분에 대해서입니다. 「앞으로의 사회와 어울릴 수 있는 마음을 가진 기업인지?」라는 것이 EQ의 부분입니다.
투자자도 소비자도 IQ만으로 기업을 평가하는 것에 대한 폐해 및 한계를 느꼈고, 이에 대한 대안으로 「EQ가 높은 기업을 응원하고 싶다」고 생각하기 시작했습니다. 이러한 배경에는 지구라는 하나의 토양에서 앞으로도 많은 국가 및 기업이 발전해 나가지 않으면 안 된다는 제약이 있기 때문입니다.
   외부불경제를 유발하는 기업은 물론, 기후위기 및 지구온난화 대책을 소홀히하는 기업도 다이베스트먼트의 대상이 될 수 있습니다. 좌초자산을 다량 보유하고 있다고 판단되면 기업가치도 하락합니다. 반대로 말하면 대책이 세워져 있는 기업에는 자본이 몰린다는 것입니다. 이러한 경향은 점점 강화되어 선순환이 가능하게 됩니다.

기업이 탈탄소사회에서 활약하기 위해서는 PL 및 BS 중심에서 무형자산 및 장기 발전성 중심으로 전환이 필요합니다. 앞으로의 경영자 및 비즈니스맨은 연금기금, 투자자, 금융기관, 소비자의 문제의식에 공감하고 자사의 방침과 양립가능한 지 여부를 중요시하게 됩니다.「기존 방식으로 문제는 없을까. 지구에 악영향을 끼치는 것은 아닐까」라고 가슴에 손을 대고 생각할 수 있는 기업 및 비즈니스맨이 요구되고 있는 것입니다.

1.3 탈탄소와 세계의 부호들

세계의 부호들은 어디에 투자하고 있는가?

　포브스지가 발표한 2021년 전세계 부자 순위는 다음과 같습니다.

1위 는 Amazon.com 의 제프 베조스　　　　약 200조 원
2위 는 테슬러의 공동창업자인 옐론 머스크　약 170조 원
3위 는 LVMH회장인 베르나르 아르노　　　약 170조 원
4위 는 마이크로소프트 창업자인 빌 게이츠　약 140조 원
5위 는 Facebook 창업자인 마크 저커버그　약 110조 원

　위 다섯 사람 모두 자기 세대에 100조 원을 상회하는 거대한 부를 축적했습니다. 돈을 버는 능력에 있어서는 타의 추종을 불허하는 재능이 있는 그들이 앞으로의 사회를 어떻게 보고 있는지는 우리 모두가 궁금해하는 부분입니다.

　저자가 강조하고 있는 탈탄소에 대해서 세계의 부호들은 과연 관심이 있을까요?

정답을 먼저 말하면 Yes입니다. **세계의 부호들은 기후위기에 매우 민감합니다.** 이유는 이제까지 소개한 것처럼 기후변화가 예측불가능한 영향을 미칠 가능성이 있기 때문일 것입니다. 그들이 가진 막대한 자산은 지구의 다양한 곳에 투자되어 있습니다. 세계에 너무 큰 변화가 발생하면 자신의 자산이 극단적으로 줄어들 가능성이 있습니다. 세계의 부호들도 세계가 기후위기를 슬기롭게 극복하고 안정적으로 성장해 나가는 것을 바랄 것입니다.

수 십조 원의 돈이 난무하는, 알려지지 않은 실태

세계의 대부호들이 탈탄소에 어느 정도 투자했는지를 조금 더 구체적으로 확인해 봅시다.

세계 부자 순위 1위 : 제프 베조스

제프 베조스는 베조스 어스 펀드(Bezos Earth fund)를 창설했습니다. 동 펀드는 기후위기 대응을 연구하는 과학자, 활동가 및 비정부조직(NGO) 등에 자금을 제공하여 자연보전 및 보호에 기여할 수 있는 대책 개발을 지원하는 것을 목적으로 하고 있습니다.

2020년 2월에 설립을 발표하고 동년 11월에 The Nature

Conservancy, Natural Resources Defense Council을 포함하는 16개의 조직을 대상으로 총 7.91억 달러가 기부되었습니다. 또한, 2030년까지 100억 달러(약 12조 원)를 출연하기로 선언했습니다.

세계 부자 순위 2위 : 일론 머스크

테슬러의 공동창업자인 일론 머스크는 이산화탄소(CO_2)를 대기 중에서 영구히 제거하기 위해 가장 효과적인 기술을 개발한 사람 및 단체에게 1억 달러의 상금을 수여하는 XPRIZE 콘테스트를 실시하기로 발표했습니다. 2021년 4월 22일부터 2025년 4월 22일까지 약 4년간에 걸쳐 진행되는 동 콘테스트는 대학, 기업, 개인 등 누구나 응모할 수 있습니다.

수상자는 4년 후에 결정되고 상금은 복수의 수상자에게 분배됩니다(우승자에게는 5천만 달러, 준우승자(최대 3명)에게는 3천만 달러 등). 콘테스트 응모를 위한 조건은 연간 1킬로톤(kiloton) 이상의 CO_2를 제거할 수 있는 시스템을 본격 가동시켜 회수한 CO_2를 100년 저장할 수 있는 것을 증명할 것, 제거 능력을 연간 기가톤(gigaton) 규모로 확대하기 위한 로드맵을 제시할 것 등입니다.

머스크는 2002년에 재단을 창설했고 우주탐사 및 재생가능에너지 등 자신의 비즈니스와 관련한 분야에 집중적으로 자금을 제공하고 있습니다. 이 외에도 머스크는 환경보호단체 Sierra Club에 600만 달러 이상을 기부하고 있습니다.

세계 부자 순위 4위 : 빌 게이츠

빌 게이츠는 2016년에 기후 위기에 대처하는 기업에 대한 투자를 목적으로 브레이크스루 에너지 벤처스(BEV : Breakthrough Energy Ventures)를 설립했습니다. BEV는 10억 달러 규모의 펀드로 앞서 말한 제프 베조스를 비롯해 잭 마, 손정의 씨 등 IT 기업가들이 투자자로 이름을 알리고 있습니다.

BEV는 2050년까지 전세계 CO_2 배출량의 실질적 제로를 실현하기 위한 이노베이션을 지원하고 있습니다. 종래의 기술계 벤처 캐피털은 통상 투자 회수 기간을 5년 정도로 설정하지만, BEV는 20년 정도의 기간을 대상으로 투자를 결정하고 있으며, 상용화 가능성이 있는 기업에는 한층 더 많은 자금을 제공하고 있습니다. 지금까지 20억 달러 이상을 조달해, 11개국 80개 이상의 기업에 투자하고 있습니다.

투자처 기업의 분야는 CO_2 저장 기술, 에너지 절약, 태양광 발전, 축전, 열공급, 바이오 연료, 식료품, 철강, 야자유 대체품, 탈탄소 콘크리트, 핵융합 에너지, CO2-free 디젤 연료, 천연가스의 탈탄소 추진, 지열 발전, 미생물 발효, 공기 청정, 수소 연료, 전기 비행기, 농업, 모빌리티, 임업, 수력발전, 비료, EV용 축전지, 전력, 폐기물, 물 공급, 전기 모터 등으로 다방면에 걸쳐 있습니다.

투자처 기업으로는 전고체배터리 제조의 Quantum Scape사, 수소연료전지 비행기 제조의 Zero Avia사 등이 있습니다.

저자에게는 100억 원도 매우 큰 금액이지만, 10조 원이라는 상상을 초월하는 금액을 기부 및 투자하고 있습니다. 그들은 사회공헌이라는 생각만으로 이 투자를 결정하고 있지는 않을 것입니다. 보다 장기적이고 효율적인 자금 운용을 위한 방안으로 탈탄소 추진을 지원하고 있다고 보여집니다.

결국은 버블? 전세계가 「탈탄소사회」로 나아가기 위한 비용은?

세계를 탈탄소 사회로 전환시키려면 어느 정도의 돈이 들까요?

국제재생가능에너지기구(IRENA : International Renewable Energy Agency)는 2050년에 세계 전체의 탈탄소 달성을 위

해서는 최대 130조 달러의 에너지 투자가 필요하다고 발표한 바 있습니다. 단순 계산하면 1년에 약 4,000조 원 규모의 투자가 필요하다는 의미입니다. 일본의 국가 예산(일반회계)이 연 1,000조 원 정도입니다.

이 추정을 통해서도 세계가 탈탄소 사회로 이행하는 것이 얼마나 힘든 일인지 대략 짐작할 수 있습니다.

한편으로 이만한 규모의 돈이 필요하다는 것은 **탈탄소는 앞으로 20년 혹은 30년이라는 장기에 걸쳐「돈이 흘러들어가는」분야라고 할 수도 있습니다.** 탈탄소 전환은 세계적인 차원에서 부의 이전을 초래합니다.

「부의 이전」이란 특정 사람, 기업, 국가에서 다른 사람, 기업 및 국가로 돈이 이동하는 것을 말합니다. 이전이 진행되는 시기에는 새로운 사업 기회가 있습니다. 이미 비즈니스 기회를 찾아 다양한 투자 분야가 생겨나고 있습니다. 이와 관련하여 흥미로운 사례 몇 가지를 소개하겠습니다.

첫 번째는 임팩트 투자입니다. 임팩트 투자는 ESG 투자의 일종인데 환경이나 사회로의 좋은 변화를 만들어내는 것이 투자의 가장 큰 목적입니다. 주요한 투자 분야로는「식량의 안정적 확보 및 지속가능한 농업」,「재생에너지」,「건강/의료」등이 있습니다. 경제적인 보상(Return)과 동시에 계측이 가능한 형태로 사회에 좋은 영향을 미칠 수 있는 것이 투자의 조건입니다. 투자 대상은 미공개주식(주식 공개하고 있지 않은 주식)이나 채권이 중심입니다.

두 번째는 「클라이밋 테크 : Climate Tech」분야의 벤처기업에 대한 투자입니다. 클라이밋 테크는 CO_2 배출량 감축과 지구온난화 대책에 초점을 맞춘 기술입니다. 해외에서는 클라이밋 테크에 특화된 5조 원 규모의 벤처캐피털이 설립돼 있습니다. 최근들어 클라이밋 테크 분야에서 기업가치(평가액)가 10억달러 이상이며, 설립 10년 이내 비상장 벤처기업인 「유니콘」이 탄생하기 시작했습니다.

세 번째는 카본 크레딧 시장입니다. 선구자 중 한 명이 잉글랜드은행의 전(前)총재 마크 카니입니다. 다크 카니는 앞서 소개한 TCFD 설립에 블룸버그와 함께 적극적으로 관여했습니다. 현재 마크 카니는 자율 카본 크레딧 시장 설립에 힘쓰고 있습니다. 카본 크레딧 시장은 2050년에는 현재의 150배 이상으로 확대될 것으로 예상되고 있어, 이를 내다본 움직임이라고 할 수 있습니다.

탈탄소로 흘러드는 거대 자본과 그것을 기대하고 생겨나는 새로운 투자 분야. 이것들을 감안하면 「이런 상황이 결국 거품을 만들어 낼 것이다」라고 누구나 느낄 것입니다. 「탈탄소 버블, 그린 버블」은 이미 시작되었는지도 모릅니다.

돈벌이 소재로 전락하여 결과적으로 경제가 불건전해질 수 있다는 우려도 있습니다. 예를 들어 벤처캐피털로부터 투자받은 클라이밋 테크 분야 벤처기업 10곳 중 9곳은 살아남지 못할 것입니다.

거품이 조성되는 상황을 저자 역시 부정하지는 않습니다. 거품이 일방적으로 좋다고도 생각하지 않으며, 까닭없이 싫어하지도 않습니다. 비즈니스맨으로서 「왜 종이에 불붙듯 타오르는지. 왜 불기운은 점점 세지고 있는지」를 냉정하게 생각하고자 합니다.

1.4 탈탄소와 우리들의 소중한 돈

강 건너 불구경만으로는 해결되지 않는 불편한 진실

「나는 세계적인 대부호도 아니니까 상관없어」라고 생각하신 독자분들도 계실 겁니다. 그러나 탈탄소 사회로의 전환과 기후위기는 돌고 돌아 결국 우리의 자산에도 영향을 미칩니다. 예를 들어 자사나 거래처가 탈탄소 사회에 적절하게 대응하지 못해 실적 악화에 빠질 수도 있습니다. 개인차원에서 투자를 하고 있는 경우에는 투자처가 탈탄소 사회에 대응하지 못해 주가가 크게 하락할 수도 있습니다. 물론 적절한 대응으로 주가가 오를 수도 있겠지요.

일본 전체가 이러한 흐름에 잘 대응하지 못하면 다이베스트먼트의 대상이 되는 기업이 속출하거나 많은 좌초자산을 떠안게 될지도 모릅니다. 많은 일본 기업의 실적이 악화되면 정리해고 및 소비 부진이 초래되며, 이런 현상이 지속되면 경기침체로 이어집니다. 우리들이 미래에 받을 수 있는 연금의 크기에도 영향을 줍니다. 과장되게 들릴 수도 있지만 세수 축소, 행정력 상실 및 국력 저하도 우려됩니다.

미래에 기후위기가 악화되어 예상치 못한 재해가 빈발하면 세계 경제가 큰 불황에 빠질 수도 있습니다. 그렇게 되면 리먼 쇼크와 같은 글로벌 금융 위기도 배제할 수 없습니다. 2020년 1월 국제결제은행이 발표한「그린 스완 보고서」에서는 기후위기가 계기가 되어 글로벌 금융위기가 초래될 수 있다고 지적되고 있습니다. 우리는「부자가 아니니까 큰 문제없을 것」이라는 방관적인 자세로 미래를 맞이해서는 안 됩니다.

기후변화가 예상하지 못한 지출을 초래

지구온난화는 여러 가지 문제를 일으킵니다.「예전보다 조금 따뜻해진다」로 끝나지 않습니다. 기온의 소폭 상승이 많은 이상현상의 발단이 되어 투자 및 연금을 포함하여 우리 모두의 생활에 영향을 줍니다. 몇 가지 사례를 소개합니다.

1. 재해 시 지출 증가

재해는 가장 알기 쉬운 예입니다. 재해 예방에 기초하여 재해 감소를 실현할 수 있으면 피해와 함께 소요되는 비용도 크게 줄일 수 있습니다. 반대로 재해가 발생하여 이로 인한 영향을 받게되면 비용이 얼마나 소요될 지 간단히 예상할 수 없습니다.

기후위기로 인해 재해가 증가하면 언제 대형 태풍으로 피해를 입을지 모르는 불안 속에서 생활해야 합니다. 최근 몇 년에 일어난 지바(동경 인근지역-역자 주)와 오사카를 강타한 태풍도 남의 일이라고는 생각되지 않습니다. 태풍이나 수해가 빈번하게 발생하면 주택이나 자동차 등 자산을 보유하는 것 자체가 리스크가 되어 버립니다. 힘들게 재배한 농작물이 피해를 입고, 사무실이나 가게, 공장이 수몰되어 사업을 계속할 수 없게 되는 경우도 있습니다. 매년 누가 피해를 받을지 모르는 러시아 룰렛을 하고 있는 듯한 것입니다.

2. 보험 부금의 인상

보험료를 납부하고 계신 독자분은 아시겠지만, 이미 최근의 재해 증가를 반영하여 주택관련 보험 부금 등이 오르고 있습니다. 가랑비에 옷 젖듯이 가계에 영향을 주고 있습니다. 배경에는 재해 증가에 의한 보험지급액의 증가가 있습니다. 보험사는 재해의 피해 등을 상정하여 지급 보험금의 적립을 산정 및 실시합니다만, 최근 몇 년간 예상치 못한 지급 사례가 크게 증가하고 있습니다. 상품 설계 시 산정금액보다 보험사의 보험료 지급이 늘어나 자금이 고갈되고 있으며, 이에 보험사는 보험부금 상승으로 대응하고 있습니다.

가계뿐만 아니라 기업을 대상으로 하는 다양한 보험 부금도 인상되어 갈 것입니다. 재해를 직접 당하지 않았더라도 이미 우리는 영향을 받고 있습니다.

3. 식량부족에 따른 식료품비 상승

일본은 세계 여타 지역에 비해 온난화에 의한 영향이 비교적 적은 지역입니다. 그러나 다른 지역에서의 영향이 돌고 돌아 우리들의 음식에 영향을 줍니다. 온난화가 진행되고 있는 지역에서는 이미 농산물 수확에 상당한 이상현상이 발생하고 있습니다.

예를 들어 유럽 남부지역의 밀 및 옥수수 생산량의 반감이 벌어지고 있습니다. 사하라사막 이남 아프리카에서는 토지 건조로 인해 작물을 재배할 수 있는 기간이 점점 짧아지고 있습니다. 해수 온도의 상승 등으로 바다에서 잡히는 물고기의 종류와 어획량에도 이상현상이 나타나고 있습니다.

이러한 현상은 식량 자급률이 40% 전후로 매우 낮아 식량 수입량이 큰 일본에도 눈에 띌 만한 영향을 미칠 것입니다. 장래적으로는 식량 수입에 지장이 생겨 먹을 것이 부족해지는 식량부족 사태도 부정할 수 없습니다. 기후위기와 온난화가 세계의 농업과 수산업에 영향을 주게 되면, 급격한 식비 상승도 우려됩니다.

재정절벽

　일본은 자연재해가 많은 나라입니다. 저도 1년에 한 번은 집에 배치할 방재 용품의 상태를 파악하여 구매를 해 두고 있습니다. 국민도 정부도 방재에 대한 의식이 높아, 재해가 발생했을 때의 복구 활동도 신속하게 이루어지도록 태세를 갖추고 있습니다.

　그러나 재해가 현재 수준보다 많이 발생하게 되면 인력 부족으로 적절하게 대처하기 어려워질 것입니다. 재해가 증가할수록 우리는 행정의 지원을 기대하기 어려워집니다. 이건 마치 코로나로 위기에 빠진 의료 체제와 같은 상황입니다.

　또한 증가하는 재해에 대한 사전 대책이 필요합니다. 대책에는 필연적으로 돈이 필요하기 때문에 국가나 지방자치단체의 재정을 압박합니다. 강한 대책을 추진할수록 행정의 예산은 줄어듭니다. 재해뿐만이 아닙니다. 온난화로 인한 열파가 도시를 덮치기 시작하면 열 스트레스를 개선하기 위해서도 많은 대책 비용이 필요합니다.

　이미 코로나 대응으로 행정이 많은 예산을 투입한 것을 감안하면 미래에는 그동안 당연시하면서 누려온 행정서비스를 기대하기 어려울 수 있습니다. 자연재해에 대해 국민 개개인이 스스로의 힘으로 이겨내야 할 상황이 많아질 것입니다.

진퇴양난

앞 절에서는 기후위기로 인해 우리 지갑에서 돈이 빠져나가는 예를 소개했습니다. 지갑에서 점점 돈이 없어지는 상황은 우리를 매우 불안하게 합니다. 「그렇다면, 기후위기를 완화시키기 위해서, 탈탄소화를 진행합시다!」라고 하면 여타 부분의 지출이 늘어나버리는 것이 고민스러운 부분입니다.

가장 알기 쉬운 예가 전기요금 인상입니다. 탈탄소화를 추진하는 방법 중 하나는 재생가능에너지의 도입 확대입니다. 하지만 지난 10년 동안 재생에너지 확대를 위해 쓴 보조금의 영향으로 전기요금은 크게 인상되었습니다.

전기요금은, 가계뿐만아니라 기업의 생산활동에도 영향을 줍니다(여담이지만, 온난화가 진전되면 에어컨의 이용 시간이 증가해, 전기요금이 늘어날 수도 있습니다. 전기요금 인상에 그치지 않고, 에어컨 이용이 증가하면 유지 보수나 교체로 지출이 늘어날 가능성도 있습니다). 현재 우리는 탈탄소를 적극적으로 추진해도 비용이 많이 들고 추진하지 않아도 비용이 많이 드는 매우 어려운 상황에 처해 있습니다.

그런 가운데 일본의 평균 소득은 저하되고 있습니다. 1인당

국민소득이 떨어지는 배경에는 고령화와 비정규직 문제도 얽혀 있습니다. 국민 개개인이 조금씩 가난해지고 있는 것이 아니라, 빈부 격차가 확대되고 있는 것입니다. 자유롭게 쓸 수 있는 돈은 줄어들고 생활고가 심해지면서 풍요로움을 실감하지 못하는 사람들이 늘고 있습니다. 가난해지는 사람은 점점 늘어나는 반면 부자는 더욱 부자가 되고 있습니다. 간단히 말해 중산층 수가 줄어들고 있는 상황입니다.

「장래 생활은 좋아질까」라는 막연한 불안을 넘은 「점점 생활이 힘들어지고 있다」는 위기감이 감싸고 있는 것이 지금의 일본입니다. 그런 내리막길 속에서 탈탄소 사회에 어떻게 대응해 나갈지가 의문입니다.

돈뿐만아니라 생명에 대한 위험성도

탈탄소 대처가 지연된 상황에서 온난화가 진행될 경우에는 감염병 유행도 우려됩니다. 일본에서도 말라리아와 뎅기열이 발병할 위험이 높아지고 있습니다.

이러한 병들은 공통적으로 「모기」와 관련되어 있습니다. 사실 현존하는 동물 중에 인류를 가장 많이 죽이는 동물은 모기입니다. 모기가 말라리아와 뎅기열 등의 감염병을 매개합니다. 모기는 건조한 곳을 싫어하고 습기가 있는 곳을 선호하는 데, 온난화로 인해 모기의 서식지가 바뀌게 됩니다. 지금까지는 동남아시아에만 서식했지만 기온 상상으로 일본을 비롯해 보다 북쪽 지역으로 올라갈 것입니다. 거의 유행하지 않았던 지역에서 감염병이 향후 확산될 위험이 있는 것입니다.

새로운 감염병이 유행하면, 외출할 수 없는 날이 계속될 겁니다. 코로나로 격변한 생활이 「또 다시 반복」된다고 생각하니 숨이 막힐 것 같습니다.

감염병 이외에도 온실가스 배출 및 기후위기로 인한 건강에의 악영향도 우려되고 있습니다.

예를 들어, 건조로 인한 산불 연기가 「인후통이나 두통」을 야기시킵니다. 캘리포니아에 거주하는 제 지인은 캘리포니아에서 발생하는 산불로 집에 있어도 「타는 냄새」가 나는 날이 많다고 합니다(온난화가 산불의 직간접적인 원인인지 아닌지 여부에 대해서는 의견이 분분하지만 산불이 발생하고 있는 것은 사실입니다).

그 밖에도,
- 오존이나 미세먼지 오염에 의한 천식 등의 폐 기능 저하

- 꽃가루 알레르기의 중증화
- 열사병이나 심혈관 질환 등의 열에 의한 병사 등도 우려되고 있습니다. 기후변화는 경제뿐만 아니라 우리 건강에도 심각한 영향을 주고 있습니다.

제2장
바람의 방향은?

2.1 역풍? 아니면 순풍?

2.2 탈탄소와 자동차산업

제2장
바람의 방향은?

2.1 역풍? 아니면 순풍?

모노즈쿠리 대국 일본에는 큰 타격

제2장부터는 탈탄소의 「풍향」을 확인해 봅시다.

일본의 CO_2 배출량은 세계 전체의 약 3%로 세계 5위입니다. 중국이 약 28%로 독보적으로 1위, 미국이 약 15%로 2위, 3위는 인도로 약 7%, 4위는 러시아로 약 5%입니다. 한 국가에서 전체의 3%나 배출하고 있다고 볼 수도 있고, 일본의 GDP가 세계 전체의 약 6% 정도라는 점을 감안한다면, 상대적으로 적게 배출하고 있다고 볼 수도 있습니다.

어쨌든, 탈탄소 사회로의 전환은 일본에게 「역풍」입니다. 왜 역풍이냐면 CO_2 배출량이 많은 **제조업이 일본의 기간 산업이기 때문**입니다. 실제로 일본은 공장 등을 비롯한 산업 부문의 배출 비율이 여타 선진국에 비해 높은 수준입니다.

CO_2 감축과 관련, 「감축이 용이한 분야」와 「감축이 어려운 분야」가 있습니다. 「제조」대국 일본은 상대적으로 CO_2 감축이 어려운 분야를 다수 보유하고 있습니다. 철강업, 화학공업, 기계제조, 시멘트, 펄프, 자동차산업 등이 이에 해당됩니다.

CO_2를 감축하기 위해서는 대규모 설비의 도입이나 산업 자체의 전환이 불가피합니다. 이에 더해, 해결책 자체가 아직 확립되어 있지 않은 경우도 있습니다.

예를 들어, 철강업에서는 CO_2 배출이 많은 고로법과 비교적 적은 전로법이 있습니다. 고로법은 철광석과 코크스를 재료로 하고, 전로법은 철스크랩을 주요 재료로 하고 있습니다.

탈탄소 관점에서는 전로법이 주목을 받고 있습니다. 전로법은 철스크랩을 이용하기 때문에 천연 자원 이용을 억제하고 자원 순환을 촉진하는 효과를 기대할 수 있습니다. 그러나, 일본에서는 전로법 비율이 25% 정도로 낮기 때문에 전로법으로 전환하려면 막대한 설비 투자가 필요하게 됩니다(참고로 미국의 전로법 비율은 70%, EU는 40%에 달합니다). 전로법으로의 전환 이외에는 수소환원제철(기존의 탄소계 환원제 대신에 수소를 환원제로 이용해 철을 제조하는 방법-역자 주) 등도 검토되고 있습니다. 그러나 수소환원제철은 실용화까지는 여전히 많은 시간과 연구개발 비용이 필요합니다.

급격한 변화는「최후의 일격」이 될 수도

일본은 냉엄한 현실에 맞서고 있습니다. 탈탄소 관련 급격한 변화가 일본의 산업기반인 제조업에「마지막 일격」이 되는 것은 아닐까 하는 막연한 불안감도 있습니다.

일본 기업들도 탈탄소 자체를 반대하고 있는 것은 아닙니다. 오히려 에너지 절감에 가장 중요한 에너지절약 활동에는 매우 적극적입니다. 두 번의 석유위기를 에너지절약을 통해 극복해 왔으며, 관련 기술로 전세계를 선도했던 시기도 있습니다.

일본의 산업계가 급격한 탈탄소를 받아들이기 어려운 데에는 이유가 있습니다.「말 그대로 급격한」이라는 부분이 중요합니다. 탈탄소를 급격하게 진행됨에 따라 지금까지 추진해 온 기존의 계획들이 무산되기 때문입니다.

예를 들어, 힘들여 투자하여 건설한 발전소나 공장이 헛수고가 되어 버리게 됩니다. 발전소나 공장은 투자한 후 수십 년에 걸쳐 투자한 자금을 회수하는 것이 일반적입니다. 투자금 회수가 아직 끝나지 않은 공장은 바로 폐쇄할 수는 없습니다. 더불어 급격한 탈탄소는 단기적인 에너지 비용 급등을 초래하고 특히 전력 다소비 산업에 영향을 줍니다. 제품의 비용 상승은 제품의 경쟁력 저하를 초래하며 외국 제품과의 경쟁에서도 불리하게 작용합니다. 저렴한 전력을 확보하기 위해 공장의 해외 이전 필요성도 증대됩니다.

급격한 변화에 대해 「별다른 대응을 하지 않는」 선택지도 있지만 그렇게 좋은 선택이라고 할 수는 없습니다. 외국 기업과 거래하는 기업은 전술한 「국제적 이니셔티브」 중 하나인 비정부기구 CDP및 해외 거래처로부터 어느 날 갑자기 CO_2 배출이나 감축 계획에 관한 정보 공개가 요구되어 즉각 대응해야 할 수도 있습니다.

그 외에도 가까운 장래에는 「국경 탄소세」에 의한 영향도 염려되고 있습니다. 「국경 탄소세」는 EU가 2026년 전면 도입을 예정하고 있는 제도로, 제품의 CO_2 배출량에 따른 과세 부과를 주요 내용으로 하고 있습니다.

이러한 국제 흐름을 감안하면, 10년, 15년에 걸쳐 점진적으로 탈탄소에 대응해 가는 방안이 현실적이기 하지만 또한 만만치 않은 국면이라고 할 수 있습니다.

배신의 쓰라린 경험 – 다시 반복?

　일본이 급격한 탈탄소 흐름에 신중한 자세를 취하는 이유는 이외에도 있습니다. 그것은 과거에 「배신당했다」는 쓰라린 경험입니다. 교토의정서라는 용어를 아시는 분들도 많으실 겁니다. 알기 쉽게 말하면, 파리협정 이전의 국제적인 온실가스 감축 약속입니다.

　교토의정서의 약속 기간(2008년~2012년도)에 일본은 적극적인 온실가스 감축을 위해 10조 원 이상의 비용을 들여 목표 달성을 위해 노력했습니다.

　그러나 「교토의정서」는 개도국에 감축 의무를 부과하지 않았고, 이로 인해 온실가스 배출이 많은 중국과 인도는 감축 의무가 면제되었습니다. 그러한 불공평한 감축의무 등을 이유로 미국은 중도 탈퇴를 선언했습니다. 일본의 입장에서 보면, 이는 마치 자국만 여러 비용을 부담하면서까지 진지하게 임하고 있고, 여타 국가들은 국제협력은 차치하고 자국의 이익만을 중심으로 대응하고 있다고 느껴졌습니다. 당시의 협약에 관여했던 공무원 관계자 일부에게는 각국에 대한 배신감이 아직도 남아 있습니다.

　그리고 2016년 11월, 2020년 이후의 온실가스 배출 감소 등을 위한 새로운 국제 틀「파리협정」이 발효되었습니다. 파리협정은 역사상 처음으로 모든 참가국이 지구온난화의 원인인 온실가스 감축 의무를 부과받은 협정입니다.

파리협정에서는
　1. **평균 기온 상승을 2℃ 미만으로 억제한다(1.5℃까지 억제 노력)**
　2. **금세기 후반에 온실가스 배출량을 실질적으로 제로(netzero)로 하다**
　3. **참가국은 5년마다 감축목표를 갱신**
　4. **온난화 피해 대응 및 적응 방안**
　5. **이노베이션의 추진**
등이 담겼습니다.

　하지만 미국은 트럼프 행정부가 집권되면서 2017년 파리협정 탈퇴를 표명합니다. 이후 등장한 2021년 바이든 정부는 파리 협정에 복귀했지만, 다음 2024년 대통령 선거 결과에 따라서는 어떻게 될지 모릅니다.
「두 번 있는 일은 세 번 있다」라는 속담이 있습니다. 교토의정서 협정 이후 각국의 대응방식이 탈탄소 규제에도 반복되지 않을까하는 의심이 불식되지 못하고 있습니다.

Youtube 세대가 「국익」이라는 단어에 느끼는 위화감

　2021년 일본정부가 내건 「2030년 온실가스 46% 감축 목표」는 너무 급진적이며, 국제정세도 시시각각 변화하고 있기 때문에 일본은 「국익」을 우선시해야 한다는 주장이 있습니다.
　저자도 일본이 맹목적으로 탈탄소를 추진하는 것은 「바람직하지 않다」고 생각합니다. 그러나 주장의 근거가 되는 이 「국익」은 구체적으로 무엇을 가리키고 있을까요. 만약 그것이 기존 기업의 기득권을 가리키고 있다면 그 혜택을 받지 못하는 국민들은 어떻게 생각할까요.
　10대의 젊은 세대를 예로 들어 생각해 보고자 합니다. 이들에게 「국익이라고 말 하는데, 도대체 누가 이득을 보는 것인가?」, 「현 체제 유지만을 생각한다」, 「변화를 두려워한다」고 받아들일지도 모릅니다.
　일본 전체의 탈탄소화에는 그들의 힘이 필요합니다. 왜냐하면 2050년의 일본의 주역은 다름아닌 지금의 10대들이기 때문입니다. 기존 세대는 그들이 활약할 2050년을 정확히 의식하고 「탈탄소」에 대해 이야기해야 합니다.
「국익」이라는 용어로 목청을 높여도 젊은 세대의 동의는 얻을 수 없습니다. 오히려 상호 불신의 골은 점점 깊어져 갑니다.

왜 그럴까요?

자라온 성장환경부터 생각해 봅시다. 우리 현역 세대가 태어나고 자란 20세기는 「국민의식(일본국민이라는 인식)」에 의해 어느 정도 서로 공감이 가능한 시대였습니다. 「한솥밥을 먹고 자란 일본인」으로서 세계에 진출해 갔습니다. 「워크맨」, 「패미컴」, 「프리우스」 등의 일본 제품이 전세계에서 칭송받는 것에 자부심을 느끼고 경제성장의 혜택을 피부로 느껴왔습니다.

하지만, 지금의 10대들은 태어날 때부터 인터넷을 접하고 있습니다. 이른바 「디지털 네이티브 : digital native」입니다. 알기 쉽게 말하면, YouTube 세대라고 말해도 되겠지요.

인터넷을 통해 사람들의 공감대는 국경을 넘습니다. 나라는 달라도 취미나 사고방식이 유사한 사람들과 친구가 되어 서로 연결됩니다. 지금은 Teams이나 Zoom등을 활용해 집에서 온라인으로 수업에 참여하고, 친구들과도 SNS로 교류합니다. 젊은 세대는, 항상 Instagram이나 TikTo을 통해 전세계에서 마음이 맞는 동료와 교류하고, FORTNITE(포트나이트)등의 온라인 게임상에서 함께 놀고, 친구를 만듭니다.

인터넷 공간을 자유자재로 여행하는 YouTube 세대의 친구를 사귀는 방법은, 우리 현역 세대와는 크게 다릅니다. (저자도 코로나 이후 온라인 회의가 전체의 80퍼센트 이상이 되었습니다. 최근에는 도전하는 마음으로 edX, 겟스마터 등의 온라인 교육 플랫폼을 통해 해외 대학의 온라인 수업도 수강하고 있습니다. 오프라인에서 한 번도 만나지 않아도 해외 친구들이 나날이 늘어나는 일상에 조금 놀라고 있습니다).

국경을 넘어서 커뮤니케이션에 익숙한 Youtube세대는 국가에 대한 인식이 기존 세대와는 크게 다를 것입니다. 그들은 「국익보다 중요한 것이 있다」는 인식뿐만아니라, 앞에서 말한 EQ로 생각하는 지성도 가지고 있습니다.

그들이 「국익이란 게 뭐지?」라고 문제제기를 해도 전혀 이상하지 않습니다. **유튜브 세대가 느끼는 「국익」이라는 말에 대한 위화감을 무시해서는 안 됩니다. 현역 세대가 현상유지를 위해 핑계를 댄다는 의심을 받는 상황에서는, 그들의 공감을 얻을 수 없습니다.**

앞으로의 일본을 담당하는 YouTube 세대까지 끌어들여 함께 가기 위해서는 「국익」이라고 하는 말로 도망치지 않고, 구체적이면서도 그들의 시점을 감안하여 접근할 필요가 있습니다.

2.2 탈탄소와 자동차산업

눈부시게 성장하는 모빌리티산업

개발도상국을 중심으로 자동차 수요가 혹대되고 있습니다. 전세계 자동차 보유 대수는 지속적으로 상승하고 있습니다. 30여년 전만 해도 전세계 자동차 보유 대수는 3~4억 대수준에 불과했지만, 현재는 약 15억 대로 늘어났습니다.

자동차가 계속 증가한다는 것은 거기에서 나오는 온실가스 역시도 계속 증가한다는 것을 의미합니다.

자동차 등 수송 부문의 온실가스 배출 비출은 국가에 따라 다릅니다. 일본의 경우는 약 19%이며, 미국은 29%입니다. 미국에서는 수송 부문이 최대의 CO_2배출을 차지하고 있습니다. 이런 배경으로 인해 수송 부문, 특히 자동차 산업에서 탈탄소 움직임이 가속화되고 있습니다.

자동차의 탈탄소 추진은 일본에 큰 영향을 미칩니다. 자동차 산업은 일본의 근간산업이기 때문입니다. 자동차 산업은 매우 저변이 넓은 산업으로, 자동차 산업과 관련된 사람은 약 550만 명이나 되는 것으로 추산됩니다.

본절에서는 자동차 산업의 현재 상황과 함께 향후 전망도 함게 정리하면서 생각해 보도록 하겠습니다.

No.1 기업의 고언(苦言)

전세계 No.1 자동차 제조업체인 도요타의 도요다 아키오 사장은, 2021년 9월 9일자 기자 회견에서 일본자동차공업회 회장 자격으로 탈탄소를 추진하는 정부에 대한 의견 표명을 했습니다.

지금까지도 도요타 사장은,
 - 자동차 업계만의 노력으로는 탈탄소 추진의 성과는 제한적
 - 유럽, 미국 및 중국과 같은 국가 차원의 지원이 필수적
 - 다양한 기술의 가능성
 - 지구온난화 대책도 중요하지만 고용 유지도 중요
등에 대해서 수 차례 발언했습니다.

이에 대해 해외 언론과 금융권에서는 「시대 흐름을 따라가지 못하고 있다」는 부정적인 반응이 많았습니다. 왜냐하면 도요타 사장의 발언은 기존 산업을 지키겠다는 의지로 받아들여졌기 때문입니다.

도요타가 배출하는 연간 온실가스는 4억 톤에 달합니다. 같은

제조업인 소니의 배출량이 약 1,400만 톤임을 감안하면, 자동차 산업에 있어서 온실가스 제로가 얼마나 어려운 이야기인지 알 수 있습니다. 만약 온실가스 제로를 실현하고자 한다면 부분적인 개선이 아니라 산업구조 자체를 바꿔 나가야 할 것입니다. 도요다 아키오사장의 발언은 자동차산업에 관련된 사람들의 마음을 헤아린 발언으로 이해할 수 있습니다.

왜 2030년대에 금지하는 국가가 많은 것인가?

탈탄소 실현 시기에 대해 2030년대에 가솔린차·경유차 등의 판매 금지를 선언하는 국가가 늘고 있습니다.
예를 들어 노르웨이, 영국, 스웨덴, 덴마크, 캐나다, 미국(일부 주), 중국, 인도 등입니다.

2021년 7월에는 유럽위원회가 2035년부터 하이브리드를 포함한 가솔린 차량의 판매를 금지한다는 방침을 발표했습니다. 이와 함께 EU는 2030년까지 350만기의 충전 스테이션을 설치하는 목표를 내걸었습니다.

왜 그렇게 서둘러 판매 금지를 발표할까요?
하나의 이유는 자동차의 수명이 우리가 생각하는 것보다 길기 때문입니다. 자동차를 매년 교체하는 분은 그렇게 많지 않을 겁니다. 신차를 구입한 경우라면 5~7년 정도 후에 교체하는 분이 많을 겁니다. 참고로 저자의 경우에는 9년째 같은 자동차를 사용하고 있습니다. 매년 약간의 유지 보수는 필요하지만 매일 무탈하게 이용하고 있습니다.

자동차의 수명은 12~15년으로 알려져 있습니다. 일본에서 사용되지 않게 된 15년, 20년 된 차량은 아시아와 아프리카로 수출되어 중고차로 재사용되고 있습니다. 신차로 판매된 자동차가 몇 사람의 손을 건너 폐차되기까지는 꽤 오랜 시간이 걸리는 것입니다.

2050년 탈탄소 달성을 위해서는 최소한 15~20년 전인 2030년대에는 가솔린차·경유차 판매를 금지해야 한다는 문제의식이 자리잡고 있습니다.

현시점에서는 대부분의 국가가 어디까지나 선언적인 목표로 삼고 있지만, 세계의 가솔린차·디젤차의 판매 금지는, EV(전기자동차)로의 대전환을 예상하게 합니다. 가솔린차·디젤차에 더해 하이브리드차까지도 판매금지 대상에 포함되어 있습니다.

이것은 일본에게 큰 타격일 될 수 있습니다. 자동차 수출이 크게 감소되어 산업의 쇠퇴뿐만아니라 고용의 감소로 이어지기 때문입니다.

하이브리드자동차가 악역을 맡게 된 이유

왜 하이브리드 차량의 판매 금지가 검토되고 있는 것일까요. 예전에는 친환경 자동차의 대명사였던 하이브리드 자동차가 언제부터 악역이 되어 버린 것일까요.

1997년 세계 최초로 양산형 하이브리드 승용차인 「도요타 프리우스」가 발표되었습니다. 「21세기에 안성맞춤」이 슬로건이었습니다. 하이브리드 기술이 자동차 업계의 「게임체인저(Gamechanger)」가 되면서 일본자동차산업을 더욱 약진시켰습니다.

사실 하이브리드차는 지금까지 1억 톤 이상 온실가스 감축에 기여하고 있습니다. 연비가 저조한 가솔린 차량이 하이브리드차량으로 전환되어 온실가스 감축에 기여해 온 것입니다.

이러한 온실가스 감축 기여에도 불구하고 판매 금지가 검토되고 있는 이유는 무엇일까요. 하이브리드 자동차 성능이 나빠서 그런 것은 아닙니다.

여기에는, 유럽 자동차산업계의 이익 극대화를 위한 전략이 숨어있습니다. 지구를 위해 그리고 환경을 위해라는 주의 및 주장에는 유럽 자동차제조업체들의 「글로벌 자동차산업에서의 주도권 확보」라는 의도가 담겨 있습니다.

유럽이 EV로 급속히 전환하려는 노력의 배경에는, 2015년에 발생한「디젤게이트 사건」이 있습니다.

유럽은 하이브리드 차량에 대항하기 위해 디젤엔진 차량 개발에 주력하고 있었습니다. 그러나, 2015년 미국의 환경보호국(EPA)이 세계적 자동차 제조사인 독일의 폭스바겐(VW)이 배기가스 검사 과정에서 부정이 적발되었다고 발표했습니다. 자동차 업계는 대혼란을 겪었고, VW의 CEO는 사임에 내몰렸으며, 디젤 엔진에 대한 소비자로의 신뢰는 크게 실추되었습니다.

VW및 유럽의 자동차제조사들은 디젤 엔진을 포기합니다. **여기에서 주목을 끄는 것이 빠른 성장세를 보였던 EV였습니다.** EV로의 급격한 전환 결정 후, 유럽 정부는 자동차 세금 공제 등을 통해 유럽 내 제조사를 지원하는 등 EV 확대에 힘을 쏟았습니다.

VW는 EV를 추진함과 동시에 전력 자회사인 Elli를 설립했습니다. 동사는 자동차와 에너지를 융합한 상품서비스를 제공하고 있습니다. 구체적으로는, EV 구입자를 대상으로 재생가능에너지의 판매, 가정에서의 EV의 충전 설비, 거리에서의 충전서비스, 잉여전력의 그리드 판매 지원 등을 계획하고 있습니다.

이러한 유럽의 움직임은 우리에게 어떤 시사점을 주는 것일까요?

하이브리드가 어느새 악역이 된 것은 경쟁자들이 만들어 논 「게임체인저의 전환전략」에 따른 것이라는 점입니다. 하이브리드 차량의 성능이 나빠서 그런 것이 아닙니다. 여기에도 각국의 속셈 및 이해관계가 복잡하여 얽혀있는 것으로 이해해야 합니다.

EV에 관한 두 가지 오해

「사랑은 장님(Love is blind)」. 이는 셰익스피어의 작품에 나오는 유명한 대사입니다. 전세계에서 EV에 대한 기대가 높아지고 있습니다. 많은 투자가가 EV를 사랑하여, EV 제조사의 주가는 오르기만 합니다. 탈탄소의 히든카드로 등장한 정의의 아군, EV.

저자 자신도 EV의 장래성과 가능성에 큰 기대를 갖고 있습니다만, 이와 관련해 알아두어야 할 두 가지 오해가 있습니다.

오해1 : 모든 가솔린차가 EV로 대체된다

EV는 어떻게 보급되어 갈까요? 저자는 EV가 「정(定)·단(短)·경(輕)」의 특징을 보이며 보급되어 갈 것이라고 전망합니다. 이는 「정기적인 경로, 단거리, 가벼운 차」를 의미합니다.

　이유는 충전 인프라입니다. 경로가 정해져 있는 차량이라면 충전 인프라 정비는 비교적 용이합니다. 단거리 이동이나 가벼운 차량일 경우 충전 이슈는 크게 줄어듭니다. EV는 주행거리를 사전에 어느 정도 예측할 수 있어 가벼운 짐을 싣고 짧은 거리를 가는 상황에서는 최적의 선택이 됩니다.

　그러한 이유로 EV는 거리의 버스나 택배용 차량, 쓰레기 수거 차량 등에 적합합니다. 긴 거리를 달리지 않는 도시지역의 승용차에도 적합합니다. 중국에서는 버스와 택시의 EV화가 진행되고 있으며, 이러한 이유가 배경에 있습니다. 반대로 제각각의 경로, 장거리 운행 및 무거운 짐을 싣는 차량의 용도로 EV는 적합하지 않습니다.

오해 2 : EV화로 탈탄소가 실현된다

　EV보급이 확대되면 탈탄소가 실현된다고 생각하는 사람들이 많습니다. 완전히 틀리다고 할 수는 없지만, 「이제 막 걸음을 시작한」측면도 있습니다. EV에 이용하는 발전원이 화석 연료에 기인한다면 EV화한다고 해도 탈탄소에는 기여하지 못합니다. **그렇기 때문에 EV 보급에 의한 탈탄소는 재생가능에너지 등의 청정에너지와 함께 진행되어야 합니다.**

어디까지나 가정을 염두에 둔 것이지만, 일본차를 모두 EV화했을 경우 전력소비량이 1~20% 증가한다는 조사도 있습니다. 현재 일본은 발전의 70% 이상을 화석연료에 의존하고 있습니다. 이러한 상황에서 EV화가 실현된다 해도 온실가스 감축에는 안타깝게도 크게 기여하지 않습니다.

EV 제조 시 배출되는 CO_2도 놓칠 수 없습니다. 특히 EV에 탑재되는 배터리는 제조 시 많은 온실가스를 배출합니다. EV에 탑재되는 배터리는 하이브리드 차량의 50배 이상입니다. 주행부분에 더해 제조 공정까지 포함하면 하이브리드 차량이 EV보다 CO_2 배출량이 적다는 지적도 있습니다.

이러한 점까지 감안하면 **향후에는 배터리의 재사용이 관건이 될 것입니다.** 배터리 제조 시 CO_2 배출 및 배터리 재료 부족이 가시화된다면 배터리의 재사용분야에서 새로운 기회가 생겨나지 않을까요?

이상으로 EV에 관한 두 가지 오해를 소개했습니다. EV는 그 특성이 최대한 발휘될 수 있는 「정, 단, 경」의 영역에서부터 보급될 것입니다. 그러나 재생가능에너지와 배터리의 재사용에 대해서도 더불어 생각해야 합니다.

자율주행이 또 다른 게임체인지로

2000년대에 들어오면서 하이브리드 자동차가 게임체인저로 부상하며 일본차가 전세계 자동차산업 변화를 주도했습니다. 지금은 해외 업체들이 탈탄소를 배경으로 EV를 게임체인저로 삼아 보급을 추진하고 있습니다. 여기에「자율주행」사회가 도래하면 또 다른 게임체인저 현상이 일어날 것입니다.

자율주행은 연료의 문제가 아니라 차의「기능변화」로 우리와 차의 관계성을 바꿔 나갈 것입니다.
일본에서도 2025년도까지 전국 40곳 이상에서「레벨 4」자율주행을 목표로 하고 있습니다. 완전한 자율주행인「레벨 5」차량이 보급되는 것은 빨라야 2030년 이후일 것입니다. 그러나 니즈가 높기 때문에 자율주행 사회 구현 노력은 지속적으로 진행될 것입니다.

자율주행이 진행되면 교통체증이 완화되고 자동차에서 배출되는 온실가스 감축을 기대할 수 있습니다. 왜냐하면 교통체증이 일어나고 주행속도가 떨어지면 배출되는 온실가스가 증대되기 때문입니다.

더불어 자율주행은 우리의 라이프스타일(Lifestyle)에도 영향을 줍니다. 일부 애호가는 별도로 하고, 많은 사람에게 자동차는 소유하는 물건에서 이용하는 물건으로 그 개념이 변해갈 것입니다. **이동을 위해 자전거·버스·전철·도보 등을 조합한 「부드럽고 단일화된」 서비스에 대한 수요가 높아질 것입니다.** 장래적으로는 「마이카」라고 하는 생각이 사라질 수도 있습니다. 특히 도심부에서는 자동차를 소유하는 비용이 높아 비용 대비 효용이 낮습니다.

그렇다고 자동차 제조사가 고객의 차를 효율적으로 활용하는 방법을 제안해주는 것도 아닙니다. 이른바 「차는 팔면 끝」의 느낌이 강한 비즈니스가 되어 있어 고객의 「이동최적화」를 지원한다는 어프로치를 취하는 제조업체는 거의 없습니다.

지금의 소비자는 다양한 분야에서 날마다 새로운 비즈니스 모델을 접하고 있습니다. 자동차 제조사나 판매점의 변함없는 영업스타일에 대해, 잠재적으로 불만이나 의문을 갖는 소비자가 늘어나지 않을까요.

자율주행이 실현된 사회에서는 차에 요구되는 성능도 달라집니다. 예를 들어 충전 속도에 대한 우선 순위는 떨어집니다. 왜냐하면 차를 소유할 경우 충전시간은 매우 중요한 요소이지만, 공유한다면 이용자는 이미 충전된 차량을 이용하면 되기 때문에 충전 자체에 시간이 걸리든 상관없기 때문입니다. 거리에 비치된 렌터사이클을 이용하고 있는 사람 중에는 자전거 충전 시간에 신경을 쓰는 이용자가 없는 것과 같은 논리입니다.

자율주행이 보급된 미래에서는 지금과 다른 척도로 차량이나 배터리의 성능을 생각해야 합니다. 가솔린차가 사라지면서 하이브리드카, EV, FCV(Fuel Cell Vehicle ; 연료전지차)로 이행해 갈 것이며, 자율주행으로 더욱 고도화됩니다.

시가총액이 10년만에 수 백배 증가—테슬러의 비전

테슬라 CEO인 일론 머스크는 지금 어떤 비전을 그리고 있을까요.

저자는 2010년경에 테슬라의 동향을 인터넷 매체에 기고한 적이 있습니다. 그 당시 인상에 남는 것은 2010년 도요타가 테슬라에 약 500억 원을 출자해 2~3%의 주식을 취득한 것을 소개한 기사입니다. 당시만 해도 테슬라는 정말 일개 벤처기업에 불과했습니다. 그 테슬라가 지금은 시가총액이 1000조 원을 돌파했으며, 지금도 계속 증가하고 있습니다.

시가총액이 1000조 원이라면 주식 1%가 10조 원의 가치를 가지게 됩니다. 테슬라의 시가총액은 10년 만에 수백 배가 되었습니다. 그리고 테슬라는 마침내 도요타의 시가총액을 넘어서서 6개 자동차회사(도요타, VW 등)의 시가총액을 합친 것보다도 커졌습니다. 현재 테슬라의 시가총액은 실제 판매 실적이 반영되었다기보다는 테슬라의 장래성에 대한 평가가 차지하는 비중이 클 것입니다.

테슬라는 해마다 자동차 판매량 순위를 올리고 있습니다. 아직 도요타와 VW에는 미치지 못하지만, 10년 후에는 어떻게 될 지 알 수 없습니다. 1000만 대의 생산능력을 가진 공장 건설과 완전 자율주행차를 2000만 원대에 판매할 것이라는 기사도 발표되었습니다.

테슬라가 약진할 수 있었던 데는 여러 가지 이유가 있습니다. 앞서 언급한 디젤 게이트 사건으로 EV 시장이 단숨에 꽃핀 것도 순풍으로 작용했습니다. 또한 탈탄소 관련해서도 테슬라는 수익을 올리고 있습니다. 잘 알려지지는 않았지만 테슬라는 CO_2 배출권 판매로 1.7 조 원 정도의 수익을 올리고 있습니다.

일론 머스크는 자동차 판매 이익보다도 사용자를 둘러싼 각종 서비스 제공을 통해 수익을 올리는 방안을 생각하고 있는 것 같습니다. 여기서 **각종 서비스란 고객에게 탈탄소 사회의 새로운 에너지 시스템을 제안하는 것을 의미**합니다.

저자에게는 일론 마스크가 추진하는 「태양광 발전·축전

지·EV·공조 등」이 서로 긴밀하게 연결된 것처럼 보입니다. 우주 진출은 우주에서의 태양광발전을 감안한 것이고, 배터리나 EV는 에너지 저장고로서 활용하여 태양광 발전, 주택, 전력망과의 연계를 계획하고 있을 것입니다. 이런 그랜드 디자인까지도 포함한 테슬라의 비전이 엄청난 시가총액을 가능하게 했다고 생각합니다.

우리가 모르는 사이에 제2의 테슬러가 생겨나고 있다

또 하나 우리가 잊지 말아야 할 것이 있습니다. 그건 테슬라가 마지막 「게임체인저」가 아니라는 것입니다. 미국이나 유럽, 중국에서도 계속해서 EV 관련 벤처기업이 태어나고 있습니다. 넥스트 테슬라는 이미 어딘가에서 탄생했을지도 모릅니다.

예를 들면, 테슬라의 전 수석엔지니어가 이끄는 EV 스타트업 「루시드·모터스」, 수소연료전지 트럭의 개발을 추진하는 「니콜라」, 테슬라의 전 간부였던 피터·칼슨씨가 2016년에 창업한 북유럽의 신흥 전지제조사 「노스 볼트」, 아마존이 지원하는 자동차 제조사 「리비안」, 500만 원 전후의 저렴한 EV 판매를 주력으로 하는 중국 자동차 벤처 기업들이 대표적입니다.

벤처뿐만이 아닙니다. Apple의 자동차산업 진출은 이전부터 소문이 나 있었고, 미국의 전통적인 자동차 제조사인 제너럴 모터스(GM)도 EV 부문을 신회사로 독립시키고, 새로운 자금 조달을 계획하고 있습니다.

한편, 도요타는 2021년 9월, 2030년까지 EV 배터리에 15조 원을 투자하겠다고 발표했습니다. 일본 기업들은 전고체 배터리나 FCV 등 차세대 기술에도 힘을 쏟고 있습니다. FCV 관련 일본의 특허 수는 세계 1위입니다. 또 혼다는 2040년부터 세계 시장에서 EV와 FCV만을 판매하겠다고 밝힌 바 있습니다.

FCV는 탈탄소 사회에서 매우 유망한 선택지이지만 인프라 정비에는 긴 시간과 막대한 자본이 필요합니다. 예를 들어, 수소충전소는 일본 전국에 200곳도 되지 않습니다. 같은 공간에서 주유소는 3만 곳 이상 있다는 것을 생각하면 갈 길이 멀다고 할 수 있습니다.

EV와 FCV가 보급되어 갈 때까지는 기존 기술인 하이브리드 차량이 활약합니다. 온실가스 배출량이 많은 가솔린차를 하이브리드차로 대체해 나감으로써, 전세계 CO_2 감축에 공헌할 수 있습니다.

제3장
바람을 이해하다

3.1 유럽, 미국 및 중국에 의한 21세기 패권다툼

3.2 도대체 온난화의 무엇이 문제인가?

3.3 기후변화와 탈탄소가 유발시키는 대립구도

제3장
바람을 이해하다

3.1 유럽, 미국 및 중국에 의한 21세기 패권다툼

각국의 속셈으로 요동치는 새로운 패권 다툼

　탈탄소를 둘러싼 세계 주요 지역 및 국가의 동향을 살펴보겠습니다.

　한마디로 유럽, 미국, 중국 등 각국의 속셈이 소용돌이치고 있습니다. 21세기의 새로운 패권 다툼이 벌어지고 있는 것입니다. 여기에는 「지구에 좋은 영향을 미치고 싶다」는 선의뿐만이 아니라, 각국의 「국익을 위한 치밀한 전략」도 숨어 있습니다.

예를 들어 유럽은 탈탄소를 계기로 유럽의 주도권 재탈환을 목표로 하고 있습니다. 조금 더 쉽게 말하면 세계를 100년 전으로 되돌리고 싶은 것입니다.

약 100년 전인 20세기 초 1차 대전이 발생했던 때만 해도 세계의 중심은 유럽이었습니다. 하지만 제1차 세계대전, 제2차 세계대전으로 인해 유럽은 혼란에 빠졌으며, 이를 틈타 미국이 세계의 중심으로 부상했습니다. 그 잃어버린 주도권 탈환을 목표로 유럽은 발빠르게 움직이고 있는 것입니다.

21세기는 미국과 부상중인 중국의 양강체제가 형설될 것이라고 분석하는 전문가가 많습니다. 그러나 유럽은 양강에 대항할 수 있는 제3극을 목표로 하고 있습니다. 바로 우리가 익숙한 삼국지의 시대입니다.

유럽의 개별 국가는 경제력이나 인구로는 미국이나 중국에 크게 못 미칩니다. 그러나 EU(유럽연합) 전체로는 인구가 약 4억 5000만명에 달해, 미국의 인구 3억 3000만명을 상회합니다. 또한, EU 전체의 GDP는 중국과 동등합니다. 덧붙여 EU에는 현재 27개국이 참가하고 있습니다. 이것이 그들의 강력한 「비장의 카드」가 됩니다.

주도권 탈환을 위한 발판으로 「탈탄소 사회」라고 하는 새로운 사회를 제창하고, 전세계로의 보급을 적극적으로 도모하고 있습니다. 유럽은 「탈탄소 사회」 실현을 위해서는 사회나 경제의 근본 룰을 바꾸어 가지 않으면 안 된다고 주장하고 있습니다.

여기서, **유럽만이 가지고 있는 강점이 발휘됩니다. 규칙을 정할 때의 투표를 유리하게 주도할 수 있습니다.** 예를 들어, 각국 1표의 투표를 실시하는 경우, 일본, 미국 및 중국은 1표인데 반해, EU 전체로는 27표가 됩니다. 유럽은 투표를 통한 의사결정 방식에서 상황을 매우 유리하게 이끌어갈 수 있습니다.

첨단 기술과 생산력 측면의 경쟁에서 이길 수 없다면, 자신들에게 유리하도록 규칙 자체를 변경해 나간다는 전략입니다. 「그런 것은 공정하지 않다」라고 외치는 목소리가 들려오는 것 같습니다만, 현실은 현실이며, 그 문맥 안에서 어떻게 대항해 나갈지를 생각해야 합니다.

그럼 조금 더 상세히 유럽, 미국, 중국, 아시아 각국의 의도를 차례로 살펴보겠습니다.

유럽의 「그린 캠페인」에는 다양한 의도가 숨겨져 있다

유럽은 코로나로부터의 재건을 위해 「탈탄소 사회로의 전환」을 내걸고 있습니다. 유럽은 「탈탄소」를 코로나 이전부터 제창해 「유럽 그린 딜: European Green Deal」이라는 형태로 진행하고 있었습니다. 「그린」을 새로운 성장의 동력으로 삼고자 했던 것입니다.

2018년 11월 유럽위원회는 2050년 탈탄소 경제의 실현을 목표로 하는 「A Clean Planet for all(모든 사람을 위한 깨끗한 지구)」이라는 「비전」을 공표했습니다.

조금 전문적이지만, 2050년의 탈탄소 사회를 향한 7개 대책으로 아래 사항을 들고 있습니다.

1. 에너지효율 극대화(ZEB포함) : 디지털화 등 에너지 소비효율의 향상

2. 재생가능에너지 도입의 극대화, 전력분야 탈탄소 추진 : 재생가능에너지, 원자력을 근간으로 하는 탈탄소 전원 추진

3. 클린, 안전, 커넥티드 모빌리티 추진 : 전기화에 더해 대체연료, 모달 시프트(Modal shift : 특정 목적을 위해 기존에 이용하던 운송수단을 보다 적합한 운송수단으로 전환)를 통한 운수부문의 탈탄소화

4. CCU(합성연료, 플라스틱이나 건축소재) 등 : 특히 철, 시멘트, 화학을 대상으로 하고 있으며, 연구개발을 통

한 비용 절감

5. 스마트 네트워크 인프라 : 최적 그리드 추진을 위한 EU에서의 네트워크화

6. 바이오 경제와 흡수원: 바이오 에너지 소비 증대. 삼림 흡수원의 확보. 농업 분야의 효율화

7. CCS : 에너지 다소비산업 잔여 배출, BECCS(Bioenergy with Carbon Capture-Storage), 카본프리 수소제조

*출처: 경제산업성 자원에너지청 자료
(https://www.enecho.meti.go.jp/committee/council/basic_policy_subcommittee/033/033_004.pdf)

2019년 12월에는 앞서 언급한 「유럽 그린딜」을 발표했습니다. 2030년까지 온실가스 55% 감축, 2050년까지의 탈탄소를 달성하기 위해, 자원 효율적이고 경쟁력 있는 경제로의 이행을 내건 50개의 행동 계획을 제창하고 있습니다.

이 계획은 경제, 산업, 사회의 모든 분야를 포함하고 있습니다.

그리고 코로나바이러스감염증 -19 발생이 「유럽 그린딜」을 더욱 가속화시키고 있습니다. 2020년 4월경부터 「그린 리커

버리 : Green recovery」가 슬로건이 되어 있습니다. 그린 리커버리란 온실가스의 발생을 억제한 녹색경제부흥(복구)이라는 뜻입니다.

슬로건의 배경에는 2008년의 글로벌 경제 위기인 리먼 쇼크가 준 교훈이 있습니다. 리먼 쇼크 시에는 세계적으로 수요가 축소되고 제조업을 중심으로 온실가스가 감소했습니다. 그러나 리먼 쇼크로부터의 충격에서 벗어나기 위해 경기 회복을 서두른 나머지 감축되었던 온실가스가 다시 증가했습니다.

비슷한 실수를 반복하지 않기 위해 「더 나은 부흥」(빌드 백 베터, Build Back Better)을 골격으로 한 그린 리커버리를 내세우고 있습니다. 경제 부흥 및 경기 회복과 기후 위기를 양 축으로 하여 추진하려는 것입니다.

이미 향후 10년간 1200조 원 규모의 투자가 계획되어 있으며, 온실가스를 감축하면서도 일자리는 서롭게 창출되는 산업을 목적으로 하고 있습니다. 구체적으로는, 재생가능에너지 등에 집중 투자하여 새로운 성장 산업으로 육성하려 하고 있습니다.

EU의 생각은 약육강식 전략이라고 해도 좋을 것입니다. 규칙을 엄격하게 함으로써, 경쟁력이 떨어지는 기업은 도태시킵니다. 규칙을 준수할 수 없는 기업은 도산해도 무방하며, 치열한 경쟁에서 살아남은 기업을 세계적인 기업으로 키우겠다는 생각입니다. 이를 통해 오스테드(Orsted), 베스타스(Vestas), 시멘스(Siemens) 등이 재생가능에너지 분야에서 세계적인 리딩 기업으로 성장하고 있습니다.

「탈탄소 사회」로의 이행 방법도 누구를 기준으로 하느냐(누구를 지키고 누구를 키울 것이냐)에 따라 전략은 크게 달라집니다.

「탈탄소 사회」로의 이행에는 이 외에도 여러 의도가 있습니다. 에너지 절약 및 재생가능에너지 촉진을 통해 러시아의 천연 가스에 대한 의존도를 줄이는 것입니다. 러시아에 대한 의존도가 낮아지면 동유럽에 대한 영향력을 높일 수 있습니다. 동유럽을 EU의 새로운 시장으로 삼고자 하는 목적이 있는 것입니다.

유럽위원회의 보고서 등에도 명기되어 있습니다만, 탈탄소 사회로의 이행은 어디까지나 글로벌 시장에서 EU의 경제·산업의 강화, 유럽지역에서의 고용과 지속가능한 성장의 확보가 목적인 것입니다.

새로운 경제모델 순환경제(Circular economy)

　유럽은 새로운 경제 모델로서 순환경제(Circular Economy 이하, CE)를 제창하고 있습니다. CE는 지구로부터 추가적인 자원을 조달하지 않고 비즈니스를 지속적으로 운영해 나간다는 내용입니다.

　CE는 지금까지의 「폐기를 전제로 한 경제에서 재생 및 재이용을 전제로 하는 경제」로의 전환을 목표로 하고 있습니다. 1950년경부터 미국형 경제인 대량생산와 대량소비를 탄소시대(Linear Economy)로 명명하고, 향후 탄소시대를 탈탄소시대(CE)로 바꿔나갈 것을 제창하고 있습니다.

원래 이제까지의 제품은 고치는 것보다 새로운 것을 사는 것이 더 저렴하다는 불편한 사실이 있었습니다. CE에서는 이를 시정하기 위해 유지보수나 재활용이 쉬운 설계를 제안하고 있습니다.

　EU는 2015년에 「EU 순환경제패키지」를 발표하고, 2020년에는 「순환경제 액션 플랜」을 발표한 바 있습니다.

　CE는 기업의 수익률 향상을 가져올 수 있습니다. CE에서는 한번 연결된 기업과 고객의 관계성은 매우 강해집니다. 기존의 기업과 고객간의 일시적 관계성이 크게 달라지는 것입니다.

기업은 「상품을 판매하면 끝」이라는 관계에서 「상품을 계속 이용하는 동안 지원하고, 불필요한 상품은 수거」하는 관계로 바뀝니다. 이러한 관계 형성은 매우 어려울 것 같지만, 상품 판매에 의한 개별 매출에서 소프트웨어 및 서비스에 의한 지속적인 과금으로 비즈니스 모델을 변경해 나가면 안정적인 수익률 향상을 기대할 수 있습니다.

고객과의 긴밀한 관계를 구축하기 위해서는, 고객의 상황에 대한 이해를 기반으로 적절한 커뮤니케이션을 추진해 나가는 것이 중요합니다. 그렇기 때문에 CE에서는 이용 상황, 횟수, 빈도 등의 계측이나 데이터 수집이 최대 관건이 됩니다. 판매한 상품을 실시간으로 모니터링해 「지금 어디서, 어떤 것이 가동되고 있는지, 상황은 어떤지」를 파악해 고객의 애로사항에 선제적으로 대응합니다. **이러한 아이디어 실현을 위해서는 DX가 필수적입니다.**

CE라고 하면 물건(상품)의 순환에 관심이 집중되기 쉽지만, 정보(데이터)를 파악하는 것이야말로 진정 중요합니다. 고객으로부터 수집된 정보는 상품의 개선이나 다음 상품의 개발에도 도움이 됩니다. 탈탄소 시대의 새로운 경제모델인 「CE」는 물건의 순환인 동시에 정보의 순환이 포인트입니다.

그림 3 리니어 이코노미와 서큘러 이코노미

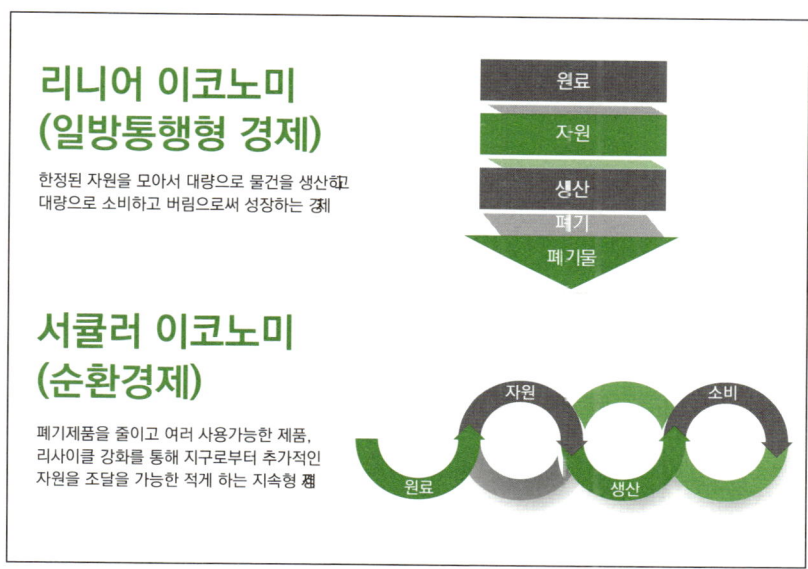

4년 뒤에 또 다시 방향전환? 복잡한 미국 사정

　미국은 선출되는 대통령에 따라 에너지 정책이 크게 달라집니다. 예를 들어 민주당의 오바마 대통령 시절(2009년 ~ 2017년)은 지구온난화 대책에 매우 적극적이었습니다. 오바마 대통령은 선거 캠페인 기간 때부터 「500만명의 녹색 일자리를 창출해, 리먼 쇼크로 초래된 경기후퇴와 실업자 증가에 맞서겠다」라고 강조했습니다. 취임 후에는, 재생가능에너지 확충과 전력망의 디지털화를 추진했습니다.

　그러나, 2009년의 COP15(유엔 기후변화 조약 제15회 체약국 회의)가 뚜렷한 성과없이 끝나고 미국 정부가 지원했던 태양광패널 제조사의 파산 등이 이어지면서 에너지전환은 큰 갈림길에 처하게 됩니다.

　오바마 대통령을 이어받은 공화당의 트럼프 대통령(2017~2021년)은 정책을 180도 전환시켰습니다. 트럼프 대통령은 기후변화 자체를 인정하지 않았으며, 백악관 홈페이지에서 기후변화(climate-change)에 관한 기술을 삭제해 버렸습니다. 물론 오바마 대통령 시절 서명한 파리협정에서도 이탈합니다.

　너무나도 대담한 행동이지만 트럼프 대통령의 지지 기반 중 하나는 이른바 「Rust belt : 녹슨 공업지대」로 불리는 중서부지역과 대서양 안중지역과 미국 중앙부의 주들입니다. 이들 지역에서는 석탄이나 석유산업에 종사하는 사람들이 비교적 많아 이들의 지지를 끌어모으겠다는 의도가 깔려 있습니다.

그리고 2021년 1월 민주당의 바이든이 대통령으로 선출되어 에너지정책은 또 다시 180도 전환합니다. 그는 취임과 동시에 파리협정 복귀를 선언했습니다. 덧붙여 온난화 대책에 관한 횡단적인 부처 조직을 설치합니다. 2030년까지 온실가스의 삭감을 50~52%로 선언해, 1000조 원이 넘는 투자를 통해 EV 스테이션의 확충이나 전력망 정비를 추진하겠다고 발표했습니다.

이처럼 미국의 탈탄소에 대한 사고방식은 일관된 것은 아닙니다. 앞으로도 코로나로부터의 부흥에 대한 악영향을 우려하여 공화당 지지자들을 중심으로 탈탄소 추진에 반대하는 목소리가 커질 수도 있습니다. 다음 대선에 트럼프 전 대통령이 재출마하고 공화당이 승리하면 에너지정책은 또 180도 방침을 전환할 것입니다. 대통령이 누가 되느냐에 따라 국가의 에너지정책이 크게 달라지는 것이 미국의 특징 중 하나입니다.

대통령도 무시하고 독자적으로 추진하는 주(州)와 GAFA

모순되게 들릴 수도 있지만 대통령을 무시하고 주 정부와 기업이 탈탄소에 대한 자신들의 의견을 표명하고 적극 행동하는 것도 미국의 특징 중 하나입니다. 적극적인 주는 트럼프 행정부 하에서도 기후위기에 대한 대응을 꾸준히 진행하고 있었습니다.

워싱턴주, 캘리포니아주, 뉴욕주, 하와이주가 대표적입니다. 트럼프 대통령이 선출되고 미국이 파리협정에서 이탈을 결정한 그 날 파리협정의 준수를 약속한 주 정부 그룹인 「미국기후동맹 : United States Climate Alliance」의 설립이 결정되었습니다. 20개 주 이상이 참가하였고, 여타 주의 상당수가 지지를 표명했습니다.

기업도 독자적으로 진행하고 있습니다. 특히 GAFA(Google, Apple, Facebook(현재는 Meta), Amazon)의 4개 사는, 탈탄소 사회에서도 견고한 지위를 구축하기 위해서 적극적으로 대응하고 있습니다. 구글이나 페이스북은 적극적인 기업 PPA(Power Purchase Agreement)를 진행하고 있습니다.

코퍼레이트 PPA란 전력 이용자(Google이나 Facebook)와 발전사업자 사이에 5년~20년이라는 장기간의 전력매매 계약을 맺음으로써, 신규의 재생가능에너지 발전소의 개발을 촉진시키는 방법입니다. 구글과 페이스북은 전력 가격을 고정시킬 수 있고 재생에너지 도입을 계획적으로 진행할 수 있습니다.

애플은 부품 공급업체와 함께 「Supplier Clean Energy Program」의 운영, 저탄소제품 디자인, 에너지 효율 확대, 재생에너지 이용 등도 진행하고 있습니다. 2020년 7월에는, 2030년까지 애플 전제품의 생산단계에서 배출하는 온난화 가스를 실질적으로 제로로 억제하겠다고 발표했습니다.

아마존은 2019년 9월에 「The Climate Pledge」를 발표하고 2040년까지 CO_2 배출을 실질 제로로 만들겠다는 목표를 세웠습니다. 2020년 6월에는 대기업이 탈탄소를 추진하는 데 필요한 기술 개발을 지원하기 위해 Climate Pledge Fund라는 20억 달러 규모의 기금도 창설했습니다.

「GAFA는 제조업이 아니다. 그들은 IT산업이기 때문에 온실가스 감축이 비교적 용이하고 탈탄소를 빠르게 진행할 수 있다」는 지적이 있습니다. 그건 어느 정도 일리가 있습니다. GAFA에게 탈탄소는 결코 마이너스는 아닙니다. 오히려 고객들에게 새로운 시대의 선두를 달리고 있다는 긍정적인 이미지를 줄 수도 있습니다. 실제로 ESG 투자 자금이 GAFA에 몰리면서 이들의 시가총액이 상승하고 있습니다.

대통령의 방침에 관계없이 주 정부나 기업이 자발적으로 탈탄소에 대해 생각하고 독자적으로 행동하는 것도 미국의 또 다른 특징입니다.

미국이 앞으로도 강대국으로 남을 수 있는 이유

미국과 일본간에는 탈탄소 자체를 파악하는 방식에도 큰 차이가 있습니다. 일본에서는 급격한 탈탄소 추진은 저소득 근로자를 더욱 힘들게 할 수 있다는 지적이 있습니다. 왜냐하면 간접세 성격의 전기요금이 상당히 올라가기 때문입니다.

한편, 미국에서는 일본과는 상반적인 사고가 널리 받아들여지고 있습니다. 지구온난화가 진행되고 재해가 늘어나면「빈곤층이 더 힘들어진다」는 생각입니다. 허리케인, 홍수, 가뭄, 산불 등으로 가장 피해를 보는 계층은 빈곤층인 경우가 많습니다.

재해가 앞으로도 지속적으로 증가하면 빈곤층과 부유층의 격차가 미국 역사상 최대가 될 것이라는 연구 발표도 있습니다. 그러한 이유를 들면서 탈탄소를 서두르는 것이야말로 빈곤층을 도와 빈부격차를 줄이는 데 기여할 수 있다고 생각하는 사람들이 많습니다.

바이든 정권에서 아프리카계·아시아계 여성 최초로 부통령으로 취임한 카마라·할리스는 환경 문제에 매우 적극적입니다. 그녀는 저소득층 및 소수자(마이너리티)가 환경오염으로 큰 피해를 입고 있다는 점을 강조합니다. 할라스 이상으로 적극적인 태도를 보이는 분이 20대에 의원이 된 히스패닉계 여성 알렉산드리아 오카시오 코르테스입니다. 그녀는 노동자 계급의 가정에서 자라 보스턴 대학에 진학해 경제와 국제관계를 전공했습니다. 재학 중이던 2008년에 아버지를 여의고 대학을 졸업한 후 가계를 돕기 위해 웨이트리스와 바텐더직을 전전했습니다. 이후 2018년에 하원의원선거에 입후보하여 당선됐습니다. 취임 후, 그녀는 재생가능에너지 등의 탈탄소 정책의 확대를 촉구하는 등 바이든 정권하의 탈탄소 정책에도 큰 영향을 미치고 있습니다.

탈탄소에서 조금 벗어나는 주제이지만 우리가 여기서 배워야 할 것은 두 가지라고 생각합니다. 하나는 나라에 따라서 같은 주제라도 파악하는 방법이 크게 다를 수 있다는 점이고, 또 다른 하나는 오카시오 코르테스와 같은 처지의 사람들이 목소리를 높이고 공공의 장에서 다함께 논의할 수 있는 토양이 미국에는 있다는 것입니다.

일본에서는 그녀와 같은 성장배경을 가지고 젊은 나이에 정치가가 되어 활약하는 것은 현실적으로 매우 어려울 것입니다. 기업가 중에서도 애플창업자 스티브 잡스는 미혼모의 아이로서 태어나 수양부모에게 맡겨져 자랐습니다. 1~2장에서 소개한 테슬라의 일론 머스크는 남아프리카에서 태어나 10대에 캐나다로 이주해 왔습니다. 만약 그들이 같은 처지에서 일본에서 태어나 자랐다면 지금과 같은 활약을 할 수 있었을까요? 물론 둘 다 재능 넘치는 사람들이기 때문에 활약할 수 있었다고 생각하지만, 저자는 그보다 「성장배경」을 문제삼아 「적합하지 않은 사람」이라며 발목을 잡는 사람들의 모습이 먼저 상상됩니다.

탈탄소에서 조금 이야기가 벗어났지만, 개인이 자신의 생각과 의견을 가지고 자유롭게 표명하고 그것이 사회적으로 받아들여지는 사회라는 점이 「미국이 계속 강한 국가로 남을 수 있는」이유 중 하나가 아닐까요.

중국의 두 얼굴

21세기 패권을 꿈꾸는 중국에는 탈탄소에 대한 두 얼굴이 있습니다.

먼저 온실가스 배출량의 압도적 1위가 중국이라는 것입니다. 온실가스의 배출이 많은 도시 순위에서 상위 10개 도시 중 9개 도시가 중국이라는 보고가 있습니다.

온실가스 배출량도 꾸준히 증가하고 있습니다. 예를 들어, 수송 관련 온실가스 배출량은 1990년의 10배 이상 수준까지 증가했습니다. 이런 상황하에서도 중국은 왕성한 에너지 수요에 부응하기 위해 화석연료를 대량으로 이용하고 있습니다. 2018년 중국의 전기 발전원 비율은 화력이 68%로 가장 높고, 원자력이 4%, 수력이 18% 그리고 재생가능에너지(수력 제외)가 8%입니다. 향후 화력발전소의 추가 신설도 검토되고 있는 상황입니다.

탈탄소 관련 투자에 대해서도 중국이 세계 1위입니다. 태양광 발전 및 풍력 발전의 경우, 누적 도입량 및 연간 도입량도 독보적인 세계 1위입니다.

태양광패널 제조사의 출하량 순위에서는 중국계 기업이 상위 5사를 독점하고 있습니다. 풍력 발전과 관련한 터빈 제조사 순위에서도 상위 5사 중 2사가 중국계 기업입니다.

시진핑 국가주석은 2021년 3월 전국인민대표대회(우리의 국회에 해당)에서 2030년까지 CO_2 배출 피크아웃, 2060년까지 실질 제로로 만들겠다고 선언했습니다.

물론 여기도 속셈은 있습니다. 중국은 국내 에너지 수요에 부응하기 위해 석탄이나 석유의 해외 이권을 획득하는 것보다는 국내의 재생에너지사업을 확대시키는 것이 상책이라고 판단한 것 같습니다.

온실가스 최대 배출국이 세계에서 가장 적극적으로 탈탄소에 투자하고 있는 모순을 어떻게 해소해 나갈지 전세계가 주목하고 있습니다.

EV화는 중국의 독식을 초래한다?

태양광 발전이나 풍력 발전에 머무르지 않고 중국은 EV에도 적극적입니다. 기존 자동차 산업이 없었다는 점이 오히려 EV를 추진하는 데 있어 장점으로 작용하고 있습니다. 중국 정부는 각종 우대 제도나 보조금 등의 인센티브를 활용해 EV산업을 육성하고 있습니다.

2020년 전세계 EV 판매사 TOP 20개사 중 7개사가 중국 업체라고 하면 조금 놀라는 독자 분들도 계실 겁니다. 물론 아직 생산량이 수십만 대 규모에 불과하지만 중국 자동차 업체들은 500만 원 이하로 구입할 수 있는 EV 생산도 시작했습니다.

중국의 연간 신차 판매량은 2500만 대입니다. 일본의 약 5배 규모로 세계 전체에서도 압도적으로 큰 시장입니다. 중국은 거대한 국내시장을 지렛대로 삼아 세계적인 자동차 업체를 육성하려 하고 있습니다.

　이미 EV용 배터리분야에서는 중국의 CATL이 세계 최대 점유율을 차지하고 있습니다. 2년 전쯤 저자는 CATL 관계자의 프레젠테이션을 들을 기회가 있었는데, 이 회사가 엄청난 속도로 공장의 신설을 추진하겠다는 계획에 놀란 기억이 있습니다.

　EV는 배터리의 원자재 비용이 전체 비용에서 차지하는 비중이 매우 높은 제품입니다. 왜냐하면 배터리에는 리튬, 코발트, 니켈 등의 희귀금속(레어 메탈)이 사용되고 있기 때문입니다. 향후 EV의 수요가 한층 더 증가할 경우, 원자재 비용의 대폭적인 상승이 우려되고 있습니다.

　원자재 가격 상승은 일본이나 여타 선진국 제조사가 EV를 아무리 대량으로 제조 및 판매한다 해도 재료비 상승 같은 상황이 발생하면 좀처럼 이익을 낼 수 없게 됩니다. 그리고 이 희귀금속에 대해서도 중국이 권익 확보를 적극 추진하고 있어, 중국에의 의존도가 더욱 심화될 것으로 염려되고 있습니다.

　그래서 세계 자동차 제조사들은 중국 배터리 업체에 의존하는 것에 대해 강한 위기감을 느끼기 시작했습니다.

중국과 EU가 손잡는 21세기 실크로드

　중국이 내세우는 일대일로(Belt and Road) 정책이 있습니다. 지난 2013년 시진핑 국가주석이 발표한 이 구상은 아시아와 서양을 맺은 고대 무역 루트인 「실크로드 : Silk Road」에서 영감을 얻은 것입니다.

실크로드는 동서양을 잇는 역사적인 교역로로서 기원전 2세기에서 18세기까지 정치, 경제, 문화, 종교에서 서로의 지역에 큰 영향을 미쳤습니다.

중국은 일대일로 정책으로 유라시아 대륙 전역에 걸쳐 21세기 「새로운 인프라」를 구축해, 사상 최대의 통합경제권을 구축하는 것을 목표로 하고 있습니다.

새로운 인프라란 「통신 : 인터넷, AI, IoT」, 「에너지 : 재생에너지, 배터리」, 「모빌리티 : EV, FCV, 드론」 등이 융합되어 탈탄소를 실현하는 인프라입니다.

중국과 EU는 상호 경제적 이익이 일치하는 부분이 있습니다. 양측은 매우 중요한 교역 상대국이며, 유라시아 대륙을 통해 지리적으로 연결되어 있습니다. 그리고 **21세기 패권을 미국으로부터 되찾아야 한다는 데도 의견이 일치합니다.**

중국과 EU는 다른 국가가 탈탄소 사회로 이행하는 것을 지원하거나, 글로벌 시장에서의 기준과 규칙 마련에서도 연대를 구성할 가능성이 있습니다.

유럽, 미국 및 중국을 중심으로 한 21세기 주도권 다툼은 앞으로도 계속될 것입니다.

또 하나 놓칠 수 없는 것은 세계의 성장 동력이 아시아로 옮겨가고 있다는 것입니다. 2030년의 GDP 순위 예측에서는 1위가 중국, 2위가 미국, 3위가 인도, 4위가 일본입니다. 2050년에는 인도네시아가 부상해 일본의 GDP를 넘어설 것으로 예상되고 있습니다.

특히 인도는 태양광 발전과 풍력발전 모두에서 세계 TOP5에 드는 시장 규모로 성장하고 있습니다. 성장하는 아시아는 유럽, 미국, 중국뿐만 아니라 일본에도 매우 중요한 시장이 되어가고 있습니다.

3.2 도대체 온난화의 무엇이 문제인가?

기후위기와 탈탄소를 연결하는 5개의 질문

　기후위기와 탈탄소가 관련이 있는지 없는지에 대한 상반되는 여러 의견이 있습니다.

　의견이 갈리는 것은 기후위기와 탈탄소가 연결되기까지 몇 가지 「Yes/No」로 갈리는 분기점이 있기 때문입니다. 각 분기점에서 「Yes」냐 「No」냐 에 따라 그 사람의 의견이 달라집니다.

1. 기후위기 자체 : 기후위기는 본래부터 일어나고 있었던 것인가?

　　　　　　　Yes / No

2. 기후위기의 원인 : 기후위기의 주된 원인은 온실가스의 증가인가?

　　　　　　　Yes / No

3. 사람들의 활동이 미치는 영향 : 온실가스의 증가는 사람들의 활동에 의한 것인가?

　　　　　　　Yes / No

4. 대책 효과 : 사람들의 활동 변경으로 기후위기는 완화될 수 있는가?

Yes / No

5. 대책의 속도 : 지금 당장 대응을 시작할 필요가 있는 문제인가?

Yes / No

1~5의 선택에서 모두 Yes가 되면 비로소 「기후위기」와 「탈탄소사회로의 조기 전환」이 연결됩니다. 물론 사람이나 나라에 따라서 Yes/No가 상이합니다. 이것이 세계 전체의 합의가 이루어지기 어려운 이유입니다.

그림 4　5개의 Yes

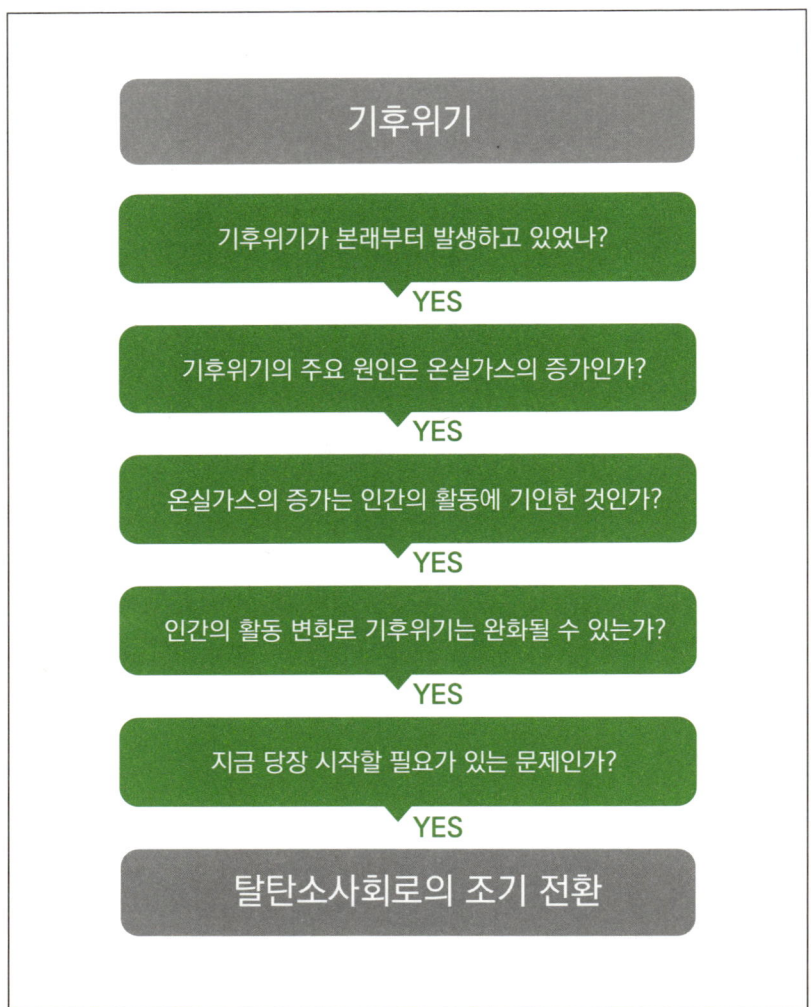

언제부터「위기」였나?

사람의 활동이 기후에 영향을 주고 있다는 것은 100년도 더 전부터 지적되어 왔습니다. 2000년 이후「기후변화 : climate change」라는 말을 듣는 경우도 늘어나고 있습니다.

그렇다면「기후변화」보다「기후위기 : climate crisis」라는 용어가 더 빈번하게 사용되기 시작한 것은 언제부터일까요?

여러가지 설이 있지만 IPCC의 5차 평가보고서가 발표된 2015년경 이후부터인 것 같습니다. IPCC란 Intergovernmental Panel on Climate Change의 약자로「기후변화에 관한 정부간 패널」로 번역되는 국제적인 조직입니다.

그럼, 왜「위기」라고 불릴 정도로 위험한 사태가 되었을까요?

이유는 지구환경이 전체 밸런스가 유지되기 어려운 한계상황에 가까워지고 있으며, 도미노 붕괴의 스위치 버튼이 눌리려고 하기 때문입니다. 기온 상승이「어느 특정 지점」을 넘어서면 다양한 기상 현상이 동반적으로 발생하여 온난화가 가속화됩니다.

설산에서 굴러 떨어지는 눈덩이가 기세가 붙어서 순식간에 커지듯이 자연 재해가 급증하게 됩니다. 바로 악순환, 부(負)의 연쇄, 도미노 온난화 현상입니다.

산업혁명 이전과 비교해 지구의 평균 기온이 「1·5℃」를 상회하여 상승하면 온난화 현상이 연쇄적으로 일어나 돌이킬 수 없는 상황이 발생할 것으로 우려되고 있습니다.

구체적으로는 시베리아 등 영구동토가 녹아내려 CO_2와 메탄가스가 대량 방출될 것이라는 우려입니다. 이에 더해, 메탄가스의 온실효과는 CO_2의 25배입니다. 메탄가스는 소의 트림 등에서도 발생하고 있으며, 대기 중에 10년 정도 남아 있게 됩니다.

또한 전세계적으로 물 부족과 수해가 동시에 발생합니다. 비가 너무 많이 내리는 지역에서는 태풍이나 호우에 의한 수해가 다발하고, 비가 오지 않는 지역에서는 물 부족과 식량 부족에 빠집니다.

이렇게 세계 각지에서 생활을 영위할 수 없는 곳이 늘어나면 「기후난민」이 확대되고 이민 문제가 발생합니다. 이민 문제는 새로운 분쟁의 불씨가 되어 사회 불안정으로 이어집니다.

세계은행은 해수면 상승 등의 기후위기로 삶의 터전에서 쫓겨나는 기후난민이 2050년까지 2억1600만명이 될 것으로 전망하고 있습니다. 일본의 인구보다도 많은 사람들이 정든 장소를 떠나지 않으면 안 되게 된다는 것입니다.

아이러니하게도「기후난민」의 대부분은 온실가스 배출이 매우 적은 개도국 사람들입니다. 개도국의 빈곤층들은 기후 위기의 원인인 온실가스 배출과 관련이 적습니다. 그런데 그들이 막대한 피해를 보게 되는 모순적인 상황이 펼쳐집니다.

자신들은 아무것도 하지 않았는데, 태어나고 자란 땅을 떠난다면 어떨까요. 아래 동영상을 보시면 그 비통한 마음을 알 수 있을 겁니다.

「어제 집이 떠내려갔어」
https://creators.yahoo.co.jp/konishiyuma/0200131727

「기온 상승을 제로로 억제한다」는 이미 거의 불가능에 가까운 상황이 되었습니다. 지금은「온도 상승을 어느 수준까지 억제할 수 있는가」를 고민하는 단계입니다. 인류 전체가 기후 위기에 어떻게 대응할 지가 주목되고 있습니다.

인간은 지구를 훼손하고 풍요로움을 얻었다

우리는 일상 생활에서 화석 연료를 대량으로 이용하고 있습니다. 의류, 포장, 주방용품, 가전제품, 건축자재, 연료 등 화석 연료에 크게 의존해 생활하고 있습니다.

석탄과 석유를 사용함으로써 풍요로운 삶을 얻고, 한편 이들을 비롯한 화석연료를 사용함으로써 대량의 온실가스를 배출해 왔습니다.

화석연료는 100년의 세월에 걸쳐 저렴하게 구할 수 있는 구조가 완성되어 전세계 차원에서 생산 및 유통되고 소비되어 왔습니다.

우리는 석탄과 석유를 확보하기 위해 지구를 파헤쳐 왔습니다. 「석탄이나 석유를 채굴하는 곳」은 고대 생물의 잔해가 모여 있는 곳이기 때문에 달리 말하면 「옛 생물체의 무덤」을 파헤쳐 온 것입니다.

석탄, 석유, 가스 획득을 위해 인류는 얼마나 지구를 파냈을까요? 짐작 자체도 되지 않는 부분입니다.

문제는 「사용했다는 사실 자체가 아니라, 너무 많이 썼다는 것」입니다. 지구에 부하를 주는 수준까지 사용해 버려서, 더 이상 같은 방법으로는 우리가 부유해질 수 없다는 것입니다. 부유해진다는 것이 나쁜 것이 아니라 앞으로는 다른 방법으로 풍요로워져야 한다는 것을 이해하는 것입니다.

의외로 모르는 환경오염과 기후위기의 차이

저자는 도야마현(일본 주부지역 북서부에 있는 현-역자 주) 출신입니다. 어렸을 때부터 학교에서 「공해」에 대해 배운 기억이 있습니다. 4대 공해병 중 하나인「이타이이타이병」의 땅이기 때문일까요?

산업의 발전과 함께 토양오염 및 공장배수에 의한 오염 등이 발생했습니다. 우리는 오염문제의 원인을 밝혀내고 해결해 왔습니다. 환경오염을 해결해 왔다는 자부심으로 기후위기에 대해서도 충분히 대응할 수 있다고 생각하는 것이 통상적인 반응입니다.

그러나 **지금까지 우리가 경험해 온 환경오염과 앞으로의 기후위기에는 큰 차이가 있습니다. 토양 오염 및 대기 오염은 피해를 입는 지역이 한정되어 있었습니다. 어디까지나 오염이 발생한 국가나 지역의 문제**입니다. 게다가 이러한 문제는 조기에 발견하고 대처함으로써 피해를 단기간에 줄일 수 있습니다.

예를 들어 지금도 세계 곳곳에서는 오염수로 인해 많은 사망자가 발생하고 있지만 오염수를 막으면 사망자도 줄어듭니다. 오염 상황이 원래 상황으로 회복되는 것도 수 년 정도의 시간이 소요됩니다.

한편, 기후위기는 국경을 초월한 세계적인 문제입니다. 어떤 지역에서 대량으로 배출된 온실가스의 영향이 다른 지역에 영향을 줍니다. 게다가 문제해결을 어렵게 하는 것은 대책을 세우고 나서 효과를 실감하는 데 100년 정도의 시간이 걸

린다는 것입니다.

    지금 온실가스 배출을 중지해도 지금까지 배출한 온실가스가 수십 년, 수백 년 단위로 영향을 미치기 때문에 단기적인 효과는 지극히 한정적입니다. 왜냐하면 CO_2를 포함해서 온실가스는 대기 중에 오랜기간 머물기 때문입니다. CO_2는 수백 년 단위이며, 그 밖의 온실가스인 메탄도 약 10년, 일산화이질소는 약 120년으로 알려져 있습니다.

환경오염 (토양오염, 공장폐수에 의한 오염 등)

    해결이 빠르다 / 피해 지역이 한정적 / 한 국가에서 대책 비용을 들여 조치를 취하면 효과를 실감할 수 있다

기후위기

    해결에 시간이 소요된다 / 피해가 지리적으로 떨어진 국가에도 미친다 / 한 국가가 대책 비용을 들여 조치를 취해도 효과는 불투명하다(세계 전체 차원의 대책이 필요)

    지금까지의 환경오염과 앞으로의 기후위기는 크게 다릅니다. 기후위기에 대해서는 세계 전체가 생각해 나가야 하는 이유가 여기에 있습니다.

지구온난화와 노벨상의 깊은 관계

2021년 노벨 물리학상 수상자에 마나베 오시로씨가 선정되었습니다. 수상 이유는 「지구 온난화 예측을 위한 기후변화 모델 개발」에 기여했다는 것입니다. 마나베씨는 컴퓨터를 사용해 온난화를 예측하는 방법을 개발했습니다. 미국으로 건너가 장기간에 걸친 기후변화를 컴퓨터로 재현하는 방법 개발에 참여했습니다.

마나베씨는 1967년 대기 중 CO_2 농도가 2배가 되면 지표 온도가 약 2℃ 상승한다는 논문을 발표했습니다. 이것은 온실가스 증가에 따른 온난화 영향을 수치로 예측한 당시로서는 선구적인 연구였습니다.

온난화 문제와 관련한 노벨상 수상은 이번이 처음이 아닙니다. 2007년 노벨 평화상을 미국 부통령을 지낸 앨 고어씨와 앞서 소개한 IPCC가 수상했습니다. 시상 이유는 양측 모두 「인간의 활동에 기인한 지구온난화에 대한 대중의 인지도를 높였다」는 것입니다.

IPCC는 정기적으로 보고서를 발행하고 있습니다. 최근에 발표된 제5차 평가 보고서(2013년~2014년 공표)에서는 온난화의 주된 원인이 「인간 활동일 가능성이 지극히 높다(95% 이상)」라고 보고했습니다. 2021년 6차 평가보고서에서는「**인간의 영향이 대기, 해양 및 육지의 온난화를 심화시켰다는 점은 의심할 여지가 없다**」고 밝혔습니다.

노벨상 수상으로 기후위기나 지구온난화가 전세계 공통의 화제가 되어 문제에 대한 인식공유가 크게 진전되었습니다.

온난화는 사실(fact)인가? 시뮬레이션으로 가득 찬 가설

온난화나 기후위기와 관련한 시뮬레이션에는 통상 슈퍼컴퓨터가 활용되고 있습니다. 마나베씨도 컴퓨터를 활용해 기후의 변화를 밝혀 왔습니다.

이와 같이 디지털 기술의 발전으로 지구의 실태나 장래 예측이 가능하게 되었습니다. 시뮬레이션 결과, 사람들의 활동이 온난화에 영향을 주고 있다고 경종을 울릴 수 있게 되었습니다.

시뮬레이션에 활용되는 모델은 다양합니다. 대기 순환, 탄소 순환, 해양 순환, 육해수 순환, 빙상, 해양생물 모델 등이 있습니다. 물론, 각 모델에는 다양한 가설이 사용됩니다. 따라서 지구 전체를 대상으로 하는 시뮬레이션은,「가설×가설×가설×가설」의 형태가 일반적입니다.

가설로 가득한 부분을 지적하면서,「온난화가 사람의 활동때문이라고 단언할 수 없다」고 주장하는 과학자도 있을 정도입니다. 분명히 가설에 가설을 쌓아 올리기 때문에 불확실한 부분이 많이 있습니다. 그렇기 때문에 「결과를 믿을 수 없다」라는 의견에도 어느 정도 설득력이 있습니다.

그러나 완벽하지 않거나, 가설에 가설을 쌓아올렸기 때문에 시뮬레이션 결과를 전혀 믿을 수 없다고 치부하는 것도 지나친 것입니다. 시뮬레이션의 정밀도는 앞으로도 개선될 것입니다. 지구의 기후에 대해 모든 것이 밝혀지는 것은 22세기 또는 23세기일지도 모릅니다.

실제로 지구온난화가 진행되고 있는 이유는 인위적인 이유 외에도 여러 가지가 있다는 결론이 날 수도 있습니다. 완벽하다고 단언할 수는 없으며 여전히 미지의 부분도 많습니다. 하지만, 우리는 그 틀 안에서 행동해 나가야 합니다.

온난화에 대응하기 위한 공격과 수비

우리는 기후위기나 지구 온난화에 대해 두 가지 방법으로 대응해야 합니다.

바로 「**완화와 적응**」입니다. 「완화」는 온실가스 배출을 억제하고 기후위기를 더 이상 악화시키지 않겠다는 의미의 「공격」이며, 「적응」은 현재 및 장래 예측되는 영향에 대처한다는 「수비」입니다.

 우리들은 온난화의 원인인 온실가스의 배출을 억제할 수 있는 「완화」식 대응을 확실히 진행해야 합니다. 동시에 이미 나타나고 있는 영향이나 향후 중장기적으로 피할 수 없는 여러 영향에 대한 「적응」을 계획적으로 추진하는 것이 중요합니다.

 완화에는
- **재생에너지 도입**
- **에너지절약 대책**
- **이동 및 수송수단의 전환**
- **삼림 등의 CO_2 흡수원 증가**

등이 있습니다.

 적응에는,
- **재해 전 사회인프라 정비에 의한 방재 및 감재, 피난 훈련**
- **재해 시 경보, 계측, 정보공유 체제, 비축**
- **부흥 시 물적 지원, 재정 지원, 부흥계획**

등이 있습니다.

 온난화는 이미 진행되고 있습니다. 유감스럽게도 기온 상승을 제로로 억제할 수는 없습니다. 앞으로의 노력으로 기온 상승을 2℃ 이내로 제한할 수 있다고 해도 기온 상승, 강수량의 변화 등 다양한 기후 변화와 더불어 해수면의 상승 등의 가능성도 배제할 수 없습니다.

  농업, 수산업, 수자원 환경, 자연생태계, 건강, 평소의 생활과 같은 광범위한 분야에서 영향이 예측됩니다. **불가피한 지구온난화의 영향에 대해 피해를 최소화하는「적응」도 매우 중요합니다.**

  지금 세계가 나아가야 하는 방향은 가능한 적극적으로「완화」하고, 그 결과를 받아들여「적응」해 나가는 길입니다.

3.3 기후변화와 탈탄소가 유발시키는 대립구도

언제, 어디서, 얼마나 그리고 얼마 동안?

　탈탄소 논란은 「언제, 어디서, 얼마나 그리고 얼마 동안」이라는 부분을 둘러싸고 각각의 의견이 엇갈립니다.

　언제 할 것인가(당장 할 것인가), 어디에(어느 부분부터 손을 댈 것인가), 얼마나 할 것인가(어느 정도의 돈을 들여야 할 것인가), 얼마 동안(기간 및 실시 내용)이 사람이나 나라에 따라 상이합니다.

　제2장에서 저자를 포함한 「기성 세대」와 「젊은 세대」간의 생각 차이를 확인했습니다. 그 외에도 세대와 다소 겹치는 부분이 있지만, 「기득권자」와 「비기득권자」간의 대립이 있습니다. 기존 자산을 보유하고, 현재의 이익을 유지하고자 하는 「기득권자」와 자산을 가지지 않고, 잃을 것이 적은 「비기득권자」간에는 탈탄소를 파악하는 방법이 크게 다릅니다.

　기득권자는 「온실가스 감축에 너무 집착한다. 이 외에도 중요한 것이 많다」,「탈탄소가 유일한 해결책이라는 것은 너무 단순한 이해다」라고 주장합니다. 반면, 비기득권자는 그런 주장에 대해 「단지 자신들의 이권을 지키려는 것에 불과하다」고

반박합니다.

이외에도 여러 형태의 대립이 있습니다. 지금까지 수면 아래에 잠자고 있었던 갈등을 불거지게 만드는 것이 탈탄소라는 주제의 특성입니다.

탈탄소가 초래하는 국가간 대립

여기에서는 기후 위기나 탈탄소로 인해 촉발된 국가간 갈등의 사례 몇 가지를 소개하고자 합니다.

① 선진국과 개도국의 대립

첫 번째는 선진국과 개도국의 대립입니다.

이미 많은 분들이 알고 계시겠지만, 유럽을 중심으로 한 선진국은 「한시라도 빨리 온난화 대책을 진행해 나가야 한다」고 생각하고 있습니다. 하지만 개도국 사람들은 「지금보다 더 잘 살고 싶다」고 희망합니다. 이미 풍요로운 삶을 누리고 있는 선진국과 지금부터라도 잘살고 싶은 개도국간에는 당연하지만 의견이 다릅니다.

예를 들면, 유럽을 중심으로「카본·버짓(탄소 예산)」이라고 하는 아이디어가 확산되고 있습니다. 기온 상승을 2도 미만으로 억제하기 위해서는 온실가스 배출을 누계로 3조 톤 이하로 억제할 필요가 있습니다. 이미 전 세계적으로 2조 톤을 배출해 버렸기 때문에 향후 배출되는 온실가스를 1조 톤 이하로 유지해야 한다는 생각입니다.

그러나 배출량은 앞으로도 증가할 것입니다. 특히 「앞으로 부유해지고 싶고, 부유해질 권리가 있는 개도국」에서는 더욱 그렇습니다. 개도국을 중심으로 석탄, 석유, 천연가스가 지속적으로 사용되면 1인당 사용하는 화석연료의 양도, 사용하는 인구도 계속해서 늘어날 것입니다.

「카본 버짓」은 의미있는 접근법이지만, 저자는 선진국인 우리들에게 개도국의 성장을 멈추게 할 권리가 있다고 생각하진 않습니다. 그들은 집에서 전기를 사용할 수 없는 경우도 많아 스마트폰을 충전하기 위해 우리들보다 몇 십 배나 노력을 기울여야 합니다.

그동안 많은 온실가스를 배출해 온 선진국들이 생각해야 할 것은 개도국의 새로운 발전과 탈탄소 사회의 양립을 어떻게 하면 실현할 수 있는가 하는 주제입니다.

② 북반구와 남반구의 대립

두 번째는 북반구와 남반구의 대립입니다. 의외일 수도 있지만 온난화로 인해 혜택을 받는 나라도 있습니다. 예를 들어 북반구의 캐나다나 러시아 등입니다.

   캐나다와 러시아에서는
- **경작 가능한 지역이 증가하고 곡물 생산량이 증가된다**
- **어업에 적합한 장소가 확대된다**
- **북극해의 얼음이 녹아 새로운 북극해 항로(시베리아 측 항로/캐나다 측 항로)가 이용 가능해진다**
- **북극해에 묻혀있는 천연자원의 채굴이 가능해질 것으로 기대된다**

   한편, 남반구의 일부 국가에서는
- **물 부족이나 더위로 인해 식량 생산량이 저하된다**
- **열 스트레스로 생산성이 저하된다**
- **해면 상승이 국토에 심각한 영향을 미칠 것으로 우려된다**

   물론 캐나다와 러시아에서도 온난화에 의한 농업이나 관광업 등에서 발생할 수 있는 악영향이 있습니다. 하지만 동시에 혜택도 기대할 수 있습니다.

   북반구 선진국이 배출한 온실가스로 남반구 국가들이 피해를 입어 북반구와 남반구의 갈등을 빚고 있습니다.

세계의 만장일치는 「불가능」?

우리는 코로나 상황을 겪으며 전 세계가 같은 행동을 취하는 것이 얼마나 어려운지 깨달았습니다. 확진자가 하루 수만 명을 기록해도 마스크 없이 생활하는 미국과 유럽, 이에 비해 확진자가 하루 100명 이하 수준에서도 소독과 마스크를 철저히 하는 일본 등 코로나 백신에 대한 인식 차이가 극명하게 드러났습니다.

세계가 일치단결해서 하나의 과제에 임하는 것은 「불가능한 게임」에 대한 도전입니다.
탈탄소에 세계 각국이 적극적으로 나서는 것도 「불가능한 게임」인 것일까요?

「게임」을 더욱 어렵게 하는 것이 「에너지 전환에 걸리는 기간」입니다. 탈탄소화를 실현하기 위해서는 석탄 및 석유에서 벗어나 재생가능에너지 등 청정에너지로의 전환이 필요합니다.

지금까지 인류는 목재에서 석탄, 석탄에서 석유 등 새로운 에너지로의 전환에 50년~100년의 세월이 소요되었습니다.

에너지 전환에 시간이 걸리는 이유는, 전환되는 에너지원을 저렴하게 유통시키는 인프라가 구축되어야 한다는 것과 전환에너지를 이용하는 기기나 설비가 가정과 기업에 보급되어야 한다는 것이 모두 필요하기 때문입니다.

이번에는 **에너지 전환을 「2050년 탈탄소 달성」을 위해 최대한 앞당기려고** 합니다. 이것이 한층 더 「게임」의 해결을 어렵게 하고 있습니다.

코로나19가 발생한 지 2년여가 지나면서 국가들이 협력하는 장면도 늘어났습니다. 자국에서 남은 마스크나 백신을 부족한 국가에 제공하는 움직임이라든지, 치료제의 무상 라이선스 공여, 치료 결과에 관한 국제적인 정보 공유 등이 대표적입니다.

전 세계가 일치단결해 문제의 해결에 임해야 한다는 의식이 공유되고 상호협력하여 문제에 대처함으로써, 「불가능한 게임」에서 「해결가능한 게임」으로 바뀌고 있습니다. 이러한 경험을 탈탄소 사회 실현에도 활용해 나갈 수 있지 않을까요.

우리가 2100년을 자신들의 문제로 인식하기 어려운 근본적 원인

일을 성공적으로 진행시키려면, 그것을 「자신의 일」로 생각하고 임하는 자세가 매우 중요합니다.

예를 들어, 「당신은 2050년, 2100년에 대해서 자신과는 별로 관계없는 이야기라고 생각하지 않습니까?」라고 질문을 받게되면, 저자 역시 부정하기가 어렵습니다. 진지하게 생각하지 않는 것은 아니지만 내 일처럼 진지하게 생각하고 있냐고 묻는다면 솔직히 자신이 없습니다.

왜냐하면 그 시기에 우리들은 이 세상에 존재하지 않을 수 있기 때문입니다.

그럼 우리는 어떻게 하면 2050년이나 2100년을 자신의 일로 받아들일 수 있을까요.

저자는 「2050년이면 몇 살이 되지」하고 계산을 해봤습니다. 현재 저자는 44살이기 때문에 2050년에는 73세가 됩니다. 일본인 남성의 평균 수명은 81세이기 때문에 건강에 신경쓴다면 아직 즐겁게 생활하고 있을 것입니다.
2100년이면 123세. 지금도 100세가 넘는 일본인이 8만 명 이상 되기는 하지만, 확률적으로 살아있기를 기대하기는 어렵습니다.

제가 2100년을 무사히 맞이할 수 있는가는 별개로, 지구는 2100년에 존재하고 있을 것입니다. 2100년에는 지구온난화의 영향으로 기온이 몇 ℃ 올라 재해 등이 증가하고 있을지도 모릅니다. 하지만 저자의 11살과 9살 아들, 혹시 그 무렵에 있을지 모르는 손자에겐 2050년이나 2100년은 현실이고 남의 일이 아니라 바로 자신들의 일입니다.

　우리는 무의식중에 자신의 남은 인생(time span)을 염두에 두고 사물을 파악하고 주장합니다. 그것은 당연한 이치입니다.
　그럼 어떻게 하면 기존 세대가 자녀와 손자들의 시점에 서서 2050 년이나 2100 년을 생각할 수 있을까요.

　저자는 두 가지 방법을 소개하고자 합니다. 하나는 2050년, 2100년을 살아가야 할 세대의 목소리에 귀를 기울이는 것입니다. 자녀, 손자와 미래에 대해 차분히 이야기를 나누는 것입니다.
　그리고 또 하나는 책을 읽는 것입니다.
　『기후변화에 나서는 아이들-전 세계 젊은이 60명의 글쓰기집』(오타출판)이라는 서적을 아시나요? 디국, 캐나다, 인도, 필리핀, 칠레, 네덜란드, 코소보, 호주, 마다가스카르 등 41개국의 10대와 20대를 중심으로 한 젊은이 60명의 글이 실려 있습니다. 반나절이면 다 읽을 수 있는 분량입니다.
　서적에서 발췌한 2명의 이야기를 간단히 소개하고자 합니다. 13세의 브라질인 카탈리나 로렌조 는 바다의 수온이 올라가 해저의 모래가 뜨거워지는 사실과 가뭄의 증가를 개탄하고 있습니다. 열여섯 살 케냐인 르세인 마텡게 무퉁키 씨는 물이 배급제로 바뀌어 일주일에 사흘씩이나 물 없이 살게 되면서 생활에 매우 불편함을 느끼고 있습니다.

두 사람 모두 저자의 입장에서는 상상할 수 없는 불편한 현실에 직면해 있습니다. 그들의 목소리에 귀를 기울임으로써 조금이나마 시야가 넓어진 것입니다.

「다음 세대가 살기 좋은 지구를 남겨주자」는 말은 간단합니다. 그러나 막상 행동으로 옮기려고 하면 매우 어렵다는 것을 알 수 있습니다.
어떻게 하면 좋을까요? 어쩌면 역사적 건축물을 접하는 것도 도움이 될지도 모르겠습니다.

예를 들어, 고대 로마의 수로나 스페인의 사그라다 파밀리아를 생각해 봅시다. 자신들의 세대에서 완성을 지켜보지 못한다 하더라도 여러 세대를 이어가며 후손들을 위해 건축되고 있습니다.

「그게 탈탄소와 무슨 관계가 있나요」라고 생각할 수도 있습니다. 하지만, 「사그라다 파밀리아를 만든 사람들은 무슨 생각을 가지고 있었을까」라고 상상하는 것만으로도 우리는 인생의 시간 축을 넘어서 사고할 수 있습니다.

우리가 탈탄소라는 도전에 가져야 할 마음가짐이 「역사적 건축물을 만든 사람들과의 대화」에 숨겨져 있습니다.

대립도 일종의 대화

기후위기와 탈탄소 추진은 세대 간 갈등뿐만아니라 국가 간 갈등도 빚고 있습니다. 저자는 탈탄소 추진이 갈등 확대의 신호탄으로 여겨져서는 안 되며, 오히려 함께 지혜를 모으는 계기로 삼아야 한다고 생각합니다.

대립하는 상대방의 의견이 자신의 의견과 다르면 화가 날 수도 있습니다. 하지만 그것을 그대로 표현하는 것은 건설적이지 않다는 걸 누구나 아는 바입니다.

조금은 냉정하게 자신이 무의식적으로 부정하고 있는 것이 「무엇인지」를 성찰해야 합니다. 이래야 한다고 주장하는 것이 결국 무엇인지, 자신과 타인 사이에 그어져 있는 경계선이 어디인지를 의식해야 합니다.

자신에게 좋은 것이 모두에게 좋을 것이라고 간주하는 가치관에 서 있는 것은 아닌지 등 한발 물러서서 「진정으로 나의 가치관은 옳은 것일까」 생각해보는 여유가 중요합니다.

우리는 누구나 편견을 가지고 있습니다. 내 마음속의 여과 장치(필터)를 통해 세상을 보고 있습니다. 일단 자신의 필터를 제거해 보는 겁니다. 기후위기나 탈탄소 사회에 관해서 나와는 다른 여러가지 의견을 「내가 아직 깨닫지 못한, 또 하나의 나의 의견」이라는 관점에서 생각해 보는 겁니다.

다른 의견은 우리를 「새로운 세계」로 이끌어 줍니다. 비록 눈앞의 상대와 대립하고 있더라도, 나와는 전혀 다른 사람으로만 볼 것이 아니라 보완관계에 있는 존재라고 생각해 보는 것은 어떨까요?

대화를 통해 상대방을 알게 됨으로써 자신에게는 보이지 않았던 세상에 대해 알게 됩니다. 거기에는 새로운 발견이 있는 법입니다.

우리는 과거의 행동으로 인해 현재의 사고가 제한되고 가능성이 줄어들고 있습니다. 대립된 상대와의 대화에서 주의할 것은 말을 신중히 선택하여 상대방에게 전달되도록 하는 것입니다. 자신의 올바름만을 주장하는 것이 아니라 함께 하나의 대화 공간을 만들어 나가려고 노력하는 것입니다.

제4장
바람을 타다

4.1 맞바람을 순풍으로 바꾸는 사고법과 행동법

4.2 지금이야말로 산관학 연계 강화를!

제4장
바람을 타다

4.1 맞바람을 순풍으로 바꾸는 사고법과 행동법

　앞장에서 탈탄소가 기업에게는 「맞바람」이라는 것을 소개했습니다.

　그렇다면, 우리가 어떻게 대응하면 바람을 순풍으로 바꿀 수 있을까요? 그 바람을 타고 날개를 활짝 펼 수 있을 것인가에 대해 함께 생각해 보도록 하겠습니다.

　첫 번째는 저자가 생각하는 「맞바람을 순풍으로 바꾸는 사고법과 행동법」에 대해 알아보겠습니다.

　이「사고법과 행동법」에는 다섯 가지 단계가 있습니다. 「1.의

지를 확립하기」, 「2.정보를 모으기」, 「3. 망상하기」, 「4. 결단하기」, 마지막으로 「5. 행동하기」입니다.

자, 그럼 순서대로 하나씩 살펴보도록 하겠습니다.

의지를 확립하다 – 비즈니스 기회라는 시점에서 받아들인다

탈탄소로의 「급격한」 전환에는 문제가 산적해 있습니다.

앞으로 어떻게 될 지 모른 채로 문제에 임하는 경우, 저자는 「의지를 확립하기」가 매우 중요하다고 생각하고 있습니다.

물론 바람이 지나갈 때까지 참으면서, 탈탄소는 자사와는 「관계없는 것」이라며 무시할 수도 있습니다. 이건 이대로 하나의 의지입니다. **하지만 「아무것도 하지 않는」 것이 미래에 큰 손실이 될 수 있음을 잊어서는 안 됩니다.** 리스크에는 변하는 리스크와 마찬가지로 「변하지 않는 리스크」도 있기 때문입니다. 어쩌면 탈탄소는 2050년까지, 30년 가까이 계속 부는 바람일지도 모릅니다.

저자가 제안하는 것은 적극적으로 관여하는 방법입니다. 비즈니스 기회로 받아들이고 기회로 파악하는 것입니다. 조금 비약적일 수도 있지만 다음과 같이 생각할 수도 있습니다.

「탈탄소 사회로의 이행기는 세계가 변해가는 전환기입니다.

탈탄소 사회에서는 에너지에 대한 시각 자체가 크게 변화합니다. 집중형 에너지구조에서 분산형 네트워크화된 에너지로 바뀌어 전 세계의 에너지가 인터넷처럼 연결됩니다. 이를 배경으로 에너지는 현저하게 저비용화(정액화)될 것입니다.

전기차, 드론, 자동배송 등이 보급되면서 모든 건축물이 개별적으로 발전원과 연결되고, IoT, AI, 블록체인 기술의 혁신과 맞물려 사람의 생활방식과 일하는 방식을 극적으로 변화시킬 것입니다. 사회는 경제 중시의 피라미드형 계층구조에서 사람으로서의 가치관을 중시한 횡적 연결로 진전해 갈 것입니다.

즉 사회가 버전 업을 통해 보다 풍요롭게 사는 사람이 지금보다 늘어날 것입니다.」

탈탄소 사회에 적합한 비즈니스로 회사가 빠르게 전환할 수 있다면 기업의 지속가능성은 크게 높아집니다. 기업 경영은 시대의 변화에 따라 새로운 비즈니스를 창출해 나가는 역동적인 것입니다. 성장의 기회로 파악해 새로운 시장 창출을 주도해 나갈 수도 있을 것입니다.

예전에 들었던 말 중에 매우 인상적이었던 것이 「변화는 오지 않는다. 변화는 만들어 내는 법이다. 스스로 만들어 가는 것이자 즐기는 것」입니다. 지금 이러한 생각이 비즈니스맨이나 경영자에게 요구되고 있는 것은 아닐까요.

정보를 모으다 – 「새로운 지(知)」를 흡수한다

정보 수집은 중요합니다. 탈탄소에 대해 말하자면 국내외 정보를 수집하는 것을 추천합니다.

왜냐하면 각 논점에 대해서 찬성 의견과 반대 의견까지 폭넓은 의견이 있기 때문입니다. 그러므로 가능한 다양한 정보를 수집하는 것을 의식할 필요가 있습니다.

가능하다면 선진국과 함께 「중국」에 관한 정보도 적극적으로 수집해야 합니다. 현재는 구글 번역으로 영어와 독일어, 중국어 인터넷 사이트도 간단히 자국어로 변환할 수 있습니다.

당연한 사항이지만, 각국 및 각 산업이 스스로의 논리를 기반으로 정보를 발신하고 있습니다. 일본 내 정보에도 편차가 있습니다. 그 중에는 상당히 편향된 의견도 있고, 그대로 방치하면 위험해질 수도 있는 경우도 있습니다.

의식적으로 주의해야 하는 것은 아무래도 자사에게 편항되고, 우호적인 정보를 중심으로 수집하는 것입니다. 이렇게 되면 자신도 모르게 균형이 무너진 정보 중심으로 정리가 될 수도 있습니다.

비즈니스에서 듣기 불편한 정보도 수집하는 것이 중요합니다. 불확실한 영역이기 때문에 스스로가 생각하지 못했던 「새로운 지식」을 흡수해 나가는 것이 중요합니다.

효율적으로 정보를 수집하고 싶은 경우는 「법률 및 규제, 사람 및 기업, 기술」의 3개 분야의 동향에 주목합니다.
또한, 저자의 경험으로 깨달은 바 탈탄소는 국제 정세, 국내 정치, 산업, 과학, 비즈니스의 현장 등 많은 영역과 관련되어 있습니다. 한 명의 담당자가 이해하기엔 어려운 영역들이기 때문에 기업 내에서 조직적으로 정보를 수집, 축적, 그리고 분석하는 체제를 만드는 것이 좋습니다.

망상하다 – 만약 ~ 였었다면…식의 망상을 멈추지 마라

수집한 정보를 분석할 때는 한 걸음 뒤로 물러서서 전체를 파악하는 냉정함이 필요합니다.

전체상 파악에 유의하고 현상의 배경을 이해하려고 노력해야 합니다. 표면적으로 일어나고 있는 현상만 신경쓰게 되면 진정 풀어야 할 과제까지 도달하지 못합니다.

정말로 대응해야 할 과제에 도달하기 위해서는 하나하나의 현상이 겹쳐서 어떤 과제가 체계적으로 만들어지고 있는지를 살펴봐야 합니다.

그러기 위해서는 자신의 사고가 「현상을 생각하는 것에만 멈추어 있지는 않는지」, 「근본적인 과제까지 파고들고 있는

지」를 의심하고 끈질기게 생각하는 것이 중요합니다.

그렇게 계속 생각하여 본질적인 과제에 접근함으로써 지금까지 깨닫지 못했던 「공간」이 보이게 됩니다. 이것이 「몇 가지 의미있는 해결책이 떠오르는 공간」입니다.

「해결책이 떠오르는 공간」이 보이면 다음에는 망상의 단계로 진입합니다. 「만약 ○○였다면」이라고 생각해 보겠습니다. **○○라는 고정된 사고의 틀을 깨고 생각해 보세요.** 「만약 바이든 대통령이었다면」, 「만약 일론 머스크였다면」, 「만약 자사로부터 1000억 원의 예산을 쓸 수 있다면」, 「탈탄소에 기여할 획기적인 기술이 발견된다면」등입니다.

사고의 틀을 깨면, 지금까지의 경위나 경험으로 고정된 사고의 제약으로부터 벗어날 수 있습니다.

의식적 그리고 무의식적으로 제약조건으로부터 어떻게 벗어날 수 있는가가 좋은 해결책에 도달하는 포인트입니다.

망상하는 힘 즉, 망상력이 시험됩니다. 망상력을 사용하여 지금까지 생각하지도 못했던 해결 방법에 도달하게 됩니다.

나머지는 그 해결 방법에 우선 순위를 매겨 실행해 나가는 것이 중요합니다.

결단하다 – 결단이 「소 잃고 외양간 고치는 격」이 되는 근본적인 이유

비즈니스맨 앞에는 감당하기 버거운 현실이 있습니다.

아까 가능한 정보를 다방면으로부터 모으는 것이 중요하다고 말씀드렸지만, 마찬가지로 「모든 정보가 갖추어지는 경우는 없다」는 사실 또한 받아들여야 합니다.

비즈니스의 현장에서는 모든 정보가 갖추어지는 상황을 기다릴 시간도 없기 때문에 수중에 모인 정보를 보고 결단해 나가야 합니다.

비즈니스에는 그러한 「결단」과 「떨쳐낼 수 있는 용기」가 요구됩니다.

국가의 방향성이나 정책을 기다리겠다거나 지구온난화나 기후 위기에 대한 과학적인 결론을 기다리겠다는 분들도 많을 것입니다. 하지만 비즈니스 현장은 기다려주지 않습니다. 조금 냉정하게 들릴 수도 있지만 정보가 다 갖춰질 때까지 결정을 기다리겠다는 것은 지금의 비즈니스계에서는 지극히 위험한 태도라고 할 수 있습니다.

어둠 속에 한 줄기 빛만 보이는 상황에서도 어떻게 생각할 것인가. 항상 모르는 것이 있는 가운데 결단해 가지 않으면 안

되는 것입니다.

「맞는 답이 없다」가 정답입니다.

우리들의 본성인지는 모르겠습니다만, O인지 x인지 라는 질문에 대해 우리 모두는 그 중에 올바른 답이 있다고 생각하기 쉽습니다.

「어딘가에 반드시 올바른 대답이 있을 것」이라는 전제를 제거하고, 적절히 **「경우에 따라 생각해보기」**를 시도해 보는 것은 어떨까요. 「이거냐 저거냐」로 생각하는 것이 아니라, 「이것도 저것도」라는 식으로 생각해 보는 것입니다. 결단하는 것이 좀 편해질 겁니다.

행동하다 – 「만점을 받아야 한다」를 의심하라

「XXX가 잘 안 돼서 아직 계획 단계예요」

얼핏 납득되는 의견입니다. 그러나 비즈니스에서는 100점을 받을 수 없다는 사실을 행동하지 않는 것에 대한 변명으로 삼아서는 안 됩니다.

왜냐하면 100점을 맞는 것은 매우 어렵기 때문입니다. 학창시절의 시험을 생각해 봅시다. 70점에서 85점으로 점수를 올리는 것은 상대적으로 용이합니다. 같은 15점을 올리는 것도

85에서 100점은 훨씬 어렵습니다. 즉, 50점에서 90점까지의 40점 상승보다 95점에서 100점으로의 5점 향상이 더 어려울 수 있습니다.

이는 코로나19 봉쇄 상황에서도 실감할 수 있었습니다. 각 국에서 다양한 대처가 이루어지고 있음에도 불구하고, 감염자 감소는 어느 정도 가능했지만, 「감염자 제로」는 좀처럼 실현할 수 없었습니다. **「제로 리스크」라고 하는 것은 매우 어려운 것입니다.**

그렇다고 해서 자사의 탈탄소 추진에 대해 「90점이나 95점으로는 안 된다」는 것은 아닙니다. 100점을 목표로 했지만 90점이나 95점이라고 해서 모든 것이 부질없는 것은 아닙니다. 100점을 의식하면서 우선 90점대를 목표로 진행되는 것을 추진합니다. 아시다시피 가장 좋지 않은 것은 100점 받는 것만 생각하고, 불가능하다고 핑계대고 아무런 행동도 하지 않는 것입니다.

「우리 회사의 경우 80점이나 90점은커녕 행동해도 0점 아니면 잘못할 경우 마이너스가 될 것 같아서」라고 생각하고 있는 독자분들도 계실 것입니다.

그러한 불안이 있는 경우는 「정보를 모으다와 망상하다」부분을 재차 재검토해 보기를 제안드립니다. 이들을 등한시하고「어딘가에서 들은 행동, 왠지 생각나는 행동」을 하려고 하고 있는 건 아닐까요.

실제 행동에서는 행동과 행동의 연결고리를 의식해야 합니다. 왜냐하면「무엇이 잘 안 되고 있는」경우, 상황을「더 나쁘게 만드는 흐름」이 존재하는 경우가 많기 때문입니다.
우리는 아무래도 하나 하나의 행동에 집착하기 쉽습니다. 그것도 중요하지만 너무 개별적인 행동을 고집하지 말고 전체 흐름을 의식해서 행동과 행동을 연결해야 합니다.
전체 흐름을 가다듬는 것을 의식함으로써 나쁜 흐름을 끊고 좋은 흐름으로 전환해 나갈 수 있습니다.
행동과 행동을 이어가는 새로운 흐름을 생각해 구현해 나가는 것이 중요합니다.

의지를 확립한다. 좋은 정보뿐만 아니라 나쁜 정보도 모은다. 현상을 깊이 파고들어 과제에 도달하다. 해결책이 떠오르는 공간에서 몇 가지 해결책을 망상하고 결단한다. 100점에 집착하지 않고 큰 흐름을 의식해 행동한다.
저자 나름의「맞바람을 순풍으로 바꾸는 사고법·행동법」을 소개했습니다.

「흐음」, 「과연」, 「음, 좀 다르네」 등 다양하게 느끼셨을 겁니다.

독자 여러분도 「맞바람을 순풍으로 바꾸는 사고법과 행동법」을 자기 나름대로 생각해 보세요. 그 때, 저자가 제안한 것도 보조 도구로 활용해 보시길 바랍니다.

그림 5 맞바람을 순풍으로 바꾸는 사고법 및 행동법 5단계

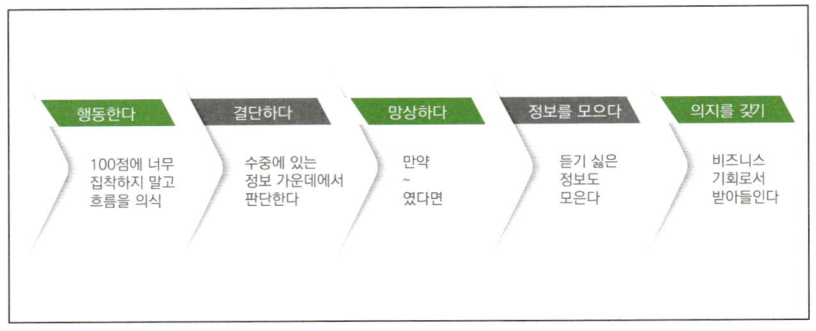

4.2 지금이야말로 산관학 연계 강화를!

개별 기업의 탈탄소 추진 이야기로 나아가기 전에 좀 더 「국가차원의 시점」에서 저자가 전하고 싶은 말이 있습니다. 바로 탈탄소 사회로의 전환 시기야말로 「산관학」이 더 강하게 추진되어야 하는 것이 아닌가 하는 것입니다.

「산관학 연계」란 간단히 말해 「산 : 기업」, 「관 : 정부/지방공공단체」, 「학 : 대학 등 교육기관」이 서로의 강점을 살려 협력하는 것입니다. 그 결과, 새로운 기술이 개발되고 정책이나 룰이 정비되어 사회 구현이 진행됩니다.

아시아 각국을 끌어들여 「스토리(story)」를 공유하고 공감을 얻기 위해서는 기업의 힘만으로는 부족합니다. 정부나 대학의 역할도 큽니다.

여기에서는 정부나 대학에서의 대응 및 가능성에 대해 소개하겠습니다.

점점 더 중요해지는 정부 방침

아시다시피 스가 정부는 탈탄소에 적극적이었습니다. 소신 표명 연설에서 2050년 탄소 중립을 선언했습니다. 그 후에도 매월 탈탄소 관련 시책을 발표해 나갔습니다. 「경제와 환경의 선순환」을 성장전략의 골격으로 삼아 탈탄소 사회 실현을 강조했습니다.

소신 표명 연설에서 「이제, 온난화에의 대응은 경제성장의 제약이 아닙니다. 적극적으로 온난화 대책을 실시하는 것이 산업구조나 경제사회의 변혁을 가져와 큰 성장으로 이어진다는 발상의 전환이 필요합니다. …… 탈탄소 사회의 실현을 향해서, 중앙정부와 지방정부에서 검토할 수 있는 제도적 장치를 마련하는 등 총력을 다해 임하겠습니다. 환경 관련 분야의 디지털화를 통해 효율적이고 효과적으로 그린화를 진행시켜 갈 것입니다. 세계 녹색산업을 이끌고 경제와 환경의 선순환을 만들어 가겠습니다」라는 발언은 무척 인상적입니다.

스가 정권에서 실시된 주요 대처를 소개합니다.
- 2020년 10월 소신 표명 연설에서 「2050년 탄소 중립 선언」 발표
- 2020년 12월 기후야심 서밋 2020 참가
- 2020년 12월 녹색성장전략(2021년 6월 개정) 발표
- 2021년 3월 그린이노베이션 기금 20조 원엔 기금

- 2021년 4월 기후정상회의 2030년까지 온실가스 46% 배출량 감축 목표 선언
- 2021년 6월 지역 탈탄소 로드맵 탈탄소 선행지역 100개소 이상 창출 목표 선언
- 2021년 6월 주요7개국 정상회의(G7 정상회의) 석탄화력발전 수출지원 일부 종료
- 2021년 7월 제6차 에너지기본계획 초안 발표 재생에너지의 추진 발표

특히 녹색성장 전략은 주목해야 합니다. 재생가능에너지의 도입 이외에도 수소·연료 암모니아, 자동차·배터리, 반도체·정보통신산업 등 성장이 기대되는 14개 분야에 대해 개별 목표를 설정해 주력해 나갈 방침도 밝혔습니다.

이어지는 기시다 정권(2021년 10월 총리 취임-역자 주)에서는 2021년 11월 「새로운 자본주의 실현회의」를 개최하고 「녹색성장 전략, 에너지 기본계획을 바탕으로 재생가능에너지뿐만 아니라 원자력이나 수소 등 모든 선택지를 추구함으로써, 미래 안정적이고 저렴한 에너지 공급을 확보하고 새로운 경제성장으로 이어나가는 것이 중요하다. 이를 위해 클린에너지 전

략을 수립한다」고 발표한 바 있습니다.

「산관」의 관계에서는 정부가 장기적인 방향성을 제시하게 되면, 이를 고려하여 기업은 보다 활발하게 움직이게 됩니다. 「국가 전체는 이렇게 진행될 것이다」라고 예측 가능한 정책을 정부가 내놓으면, 기업은 망설임 없이 과감한 투자나 사업 추진이 가능해집니다.

「관학」의 관계에서는 차세대 기술의 기초 연구 등을 대상으로 정부의 지원 확대가 기대됩니다. 대학에서의 기초 연구에서 기업에서의 응용 연구, 제품화까지의 시기, 이른바 「죽음의 골짜기(Death valley)」라고 불리는 어려운 시기에서의 재정적 및 정책적 지원이 바람직합니다.

대학의 새로운 시도 - 도쿄대학 사례

대학에서도 탈탄소 사회를 향한 새로운 대처가 시작되고 있습니다. 예를 들면, 2021년 7월에 도쿄 대학은 「에너지 종합학 제휴 연구기구」를 발족시켰습니다. 대학 내 10개 부문이 제휴해, 사회 공헌하는 인재 육성을 목표로 문리 융합에 의한 새로운 「에너지 종합학」을 창설했습니다.

설립 심포지엄의 주최자 인사말에서, 책임자인 마츠하시 류

지 교수(도쿄대학대학원 공학과 교수)가 「사회 윤리나 사회 철학」의 중요성을 강조한 것에 저자는 깜짝 놀랐습니다. 바로 그동안 에너지 분야에 부족했던 것들을 「한 마디」로 표현했기 때문입니다.

조금 업계의 이야기로 돌아가서, 에너지 업계에는 지금까지 「기술은 기술, 정책은 정책, 비즈니스는 비즈니스」라고 하는 눈에 보이지 않는 단절이 있었습니다.

연설에서 마츠하시 교수가 강조한 「사회 윤리나 사회 철학」의 관점을 반영함으로써, 에너지와 관련된 사람들이 하나가 되어 「탈탄소 사회의 실현」을 힘차게 추진해 갈 수 있지 않을까 하고 기대하게 됩니다.

동 대학의 언론발표 자료에 의하면, 기구의 미션을 연구 개발, 교육 그리고 사회 제휴로 하고 있습니다.

구체적으로는,

연구개발에서는 「사회의 에너지 문제나 기후변화에 관한 대응책을 기획, 개발하는 조직으로서 가치창조」

교육에서는 「미래비전에서 기술적 과제를 백캐스트(backcast : 과거 연구실적을 재구성-역자 주) 하는 사고법을 함양하고 에너지종합학을 창설하여 인재 양성」

사회 제휴에서는 「학산관 제휴에 의해 성과의 사회적 실현을 가능하게 하는 강력한 플랫폼을 형성」을 내걸고 있습니다.

특히 언론 발표 자료에서 인상적인 것이, 아래의 사회 구현을 강하게 의식하고 있다는 점입니다.

「본 연계 연구기구에서는 에너지 관련 문제를 해결하기 위해, 기술 개발뿐만 아니라 정책이나 사회 시스템을 종합적으로 검토합니다. 문리 융합에 의한 새로운 학리(=에너지 종합학)를 창설해 학리를 실천하며 사회에 공헌하는 것을 목표로 합니다. …… 많은 기업과도 공동 연구를 하며 사회 제휴 강좌나 기부 강좌 등 산학 제휴를 진행시킵니다. 정부 연구 개발 프로젝트 등도 적극적으로 제안해 정부, 지자체와 함께 골을 목표로 합니다. 이번 『에너지 종합학 연계 연구기구』 개설로 탄소 중립 실현을 위한 기술개발부터 정책, 시스템까지 폭넓게 사회변혁에 기여하겠습니다」.

저자는 이러한 대처에 큰 기대를 하고 있습니다. 각 분야를 통합하고 대학과 기업이 긴밀하게 연계하는 가운데 그동안 묻혀 있던 기술이 사회에서 꽃피는 예감이 들기 때문입니다.

예를 들어 대학발 스타트업 탄생도 기대됩니다. 「대학의 지식」을 기반으로 새로운 회사를 설립하고, 정부나 기업이 적극 지원함으로써 비즈니스화되어 사회 구현이 촉진됩니다. 특히 탈탄소 분야는 기술적 장벽이 높아 「대학 내 지식」이 도움이 되는 분야입니다. 실제로 해외에서는 대학과 기업이 협력한 스타트업이 속속 생겨나고 있습니다.

「XX가 가능해지면 전세계가 확 바뀔텐데…」가 생겨나고 있다

어떤 기술이 탈탄소 사회에 크게 기여할 수 있을까요? 예를 들면 어디에서나 발전할 수 있는 구조, 자원의 고갈이나 온실가스 배출을 신경쓰지 않고 사용할 수 있는 견고한 신소, EV의 약점을 극복해 주는 전지 등이 있을 수 있습니다.

실은, 그러한 차세대 기술이 이미 성장하고 있습니다. 자, 몇 가지를 소개해 드릴게요.

① 도시 곳곳에서 발전이 이루어지는 페로브스카이트(perovskite) 태양 전지

조금 긴 이름이지만 쉽게 말해 차세대 태양전지입니다. 지금 이용되고 있는 태양전지는 잘 망가지지 않고 효율적으로 발전하는 한편 두껍고 구부릴 수 없어 설치 장소가 한정되어 있습니다. 특히 국토가 좁은 국가에서는 설치 장소를 어떻게 늘려

갈지가 과제입니다.

페로브스카이트 태양 전지는 유연성이 있으며 게다가 경량입니다. 이미 태양 전지가 설치된 어려운 곳에서도 설치가 가능합니다.

예를 들어 연구가 진행되면 빌딩 벽면이나 자동차 루프, 작은 처마 끝, 주차장, 가구에도 설치할 수 있습니다. 캠핑용 텐트와의 콜라보 상품도 개발될 수 있습니다. 보급되면 거리 곳곳에서 발전이 가능합니다.

도쿄대학 대학원 종합문화연구과 광역과학 전공의 세가와 고지 교수 등은, 2019년에 20%가 넘는 고변환 효율의 페로브스카이트 태양전지 미니 모듈 제작에 성공했습니다. 2020년대 실용화도 기대되고 있습니다.

② **식물을 사용하여 강하고 가벼운 소재가 되는 셀룰로오스 나노파이버(Cellulose nanofiber)**

셀룰로오스 나노파이버는 식물에서 유래한 신소재입니다. 무려 강철의 5분의 1의 가벼운 무게로 강도는 5배나 되는 특성을 가지고 있습니다.

예를 들어, 자동차에 활용될 경우 차체 경량화에 기여할 뿐만아니라 연비 향상 및 온실가스 감축에 도움이 됩니다. 이외에도 다양한 제품의 소재가 될 수 있습니다.

　셀룰로오스는 식물의 주성분 중 하나입니다. 식물이 원료이기 때문에 자원 고갈을 걱정할 필요가 없습니다. 종이의 원료인 펄프로부터 균일한 셀룰로오스 나노파이버를 만드는 기술은 도쿄 대학이 2006년에 확립했습니다.

　셀룰로오스 나노파이버 연구의 일인자인 이소가이 아키라 도쿄대 특별교수가 새로운 연구 주제로 고민하고 있을 때 「우연한 계기」로 개발이 시작되었다고 합니다. 관심 있으신 분을 위한 에피스도 아래 사이트에 자세히 소개되어 있습니다.

https://www.nedo.go.jp/hyoukabu/articles/201905np/index.html

③ EV의 약점을 극복하는 전고체 배터리

　차세대 EV 배터리로 기대되는 「전고체 배터리」는 일본 기업이 주도하고 있습니다. 전고체 배터리는 전해액이 없고, 전부가 고형이 되는 충전식 배터리입니다. 현재 EV에 이용되고 있는 리튬이온 배터리에서는 마이크로 구멍을 갖춘 분리막(Separator)이 음극과 양극을 나누고 있지만, 전고체 배터리에는 분리막 대신 고체 전해질이 그 역할을 담당합니다.

　전고체 배터리에서는 EV의 걸림돌인 항속거리 향상과 충격에 강하다는 이유로 안전성 향상이 기대되고 있습니다. 전고체 배터리 특허는 일본이 다수 보유하고 있으며 도요타는 2025년경 전고체 배터리 상용화를 목표로 한다고 발표한 바 있습니다.

상기 기술 이외에도 「액체 암모니아 연료」, 「CO_2 분리막」, 「전체 수지 전지」, 「리튬 황 2차 전지」, 「파워 반도체」 등의 탈탄소 추진 기술이 연구되고 있습니다.

「이런 것이 가능해지면 세상이 크게 달라질거야」와 같은 분야에서 신기술이 생기면 바로 게임 체인저로 부상할 수 있습니다. 차세대 기술의 지적재산을 확보하고 사업화함으로써 막대한 선행자 이익을 획득할 수 있습니다.

「귀찮은 것」이 「큰 이익을 가져다줄 원천」이 된다

본서에서는 주로 온실가스 감축에 대해 언급해 왔습니다. 하지만 사실 온실가스의 대표격인 CO_2자체를 「자원으로 활용할 수 있지 않을까」라는 측면의 연구도 활발하게 진행되고 있습니다. 이른바 「카본 재활용」이라는 영역입니다.

「카본 재활용」이란 CO_2를 자원으로 분리·회수하여 콘크리트, 화학품, 연료 등에 재이용하는 것입니다. 기후위기에 있어서 「애물단지」인 CO_2가 차세대 자원 즉, 「큰 이익을 가져다줄 원천」이 될 가능성이 있습니다. 실현만 된다면 매우 밝은 미래를 그릴 수 있습니다.

예를 들어, CO_2 흡수형 콘크리트는 매우 유망합니다. 건물에 빼놓을 수 없는 콘크리트와 관련하여 시멘트 제조 과정에서 많은 CO_2를 배출합니다. 그러나, 만들면 만들수록 CO_2를 감축할 수 있는 이른바 「식물 같은 콘크리트」가 개발되고 있습니다. 쥬고쿠 전력, 가시마, 덴카, 다케나카 공무점이 공동 개발한 환경친화형 콘크리트 「CO2-SUICOM®」가 대표적입니다.

아직 제조 비용이 비교적 비싸지만, 장래적으로는 앞으로 지속 발전하는 개도국의 도시나 건물에서의 활용이 기대됩니다.

제5장
바람을 타고 날갯짓하다

5.1 탈탄소시대의 기업 경영

5.2 사원을 끌어들이는 비결

5.3 이해관계자를 끌어드리는 비결

제4장
바람을 타고 날개짓하다

5.1 탈탄소시대의 기업 경영

이 장에서는, 「비즈니스의 시점」에 서서 탈탄소 추진을 생각해 보고자 합니다.

사장님! 「실적을 포기할」 각오는 있으신가요?

저자는 직업상 많은 경영자를 만납니다. 중소기업의 오너 경영자부터 대기업에서 임원이 된 분까지 다양합니다.

고객사의 탈탄소 추진에 대해 상담받을 때 인사를 마치고 저자가 조금 긴장하면서 꺼내는 이야기가 있습니다. 그것은 탈탄소를 추진해도 「사장님의 실적이 되기는 어려울 것입니다」라는 것입니다.

탈탄소 추진의 결과가 나오기까지는 상당한 시간이 소요됩니다. 유감스럽게도 사장님의 실적으로 인정받지 못할 것입니다. **다음 사장님이나 그 다음 사장님의 실적이 되어도 무방하다면 귀사의 탈탄소 추진은 성공적으로 진행될 것입니다.** 만약, 그렇지 않다면 귀사는 탈탄소에 대해서는 크게 신경쓰지 말고 잊어버리는 것이 경영상 합리적인 판단일 될 것이라고 생각합니다」

본인의 실적이 될 수 없다. 후임 경영자의 실적으로 평가된다는 점에 대해 마음의 아쉬움을 어떻게 정리할까요.
오너 경영자라면 10년, 15년 기간을 염드에 두고서도 추진할 수 있지만, 임기가 2년, 길어봐야 3~4년인 대기업 경영자라면 고민되는 것은 지극히 당연합니다.
저자의 갑작스러운 말에 대한 경영자의 반응은 다양합니다. 조금 놀란 얼굴을 한 후에 「실례하겠습니다」라고 그 자리에서 화를 내는 비율이 약 10%, 뭐라고 말할 수 없는 표정을 짓는 쪽이 약 90% 정도입니다.

기업이 탈탄소로 방향을 잡는 것은 매우 힘든 의사결정입니다. 지금까지는 직선으로 갔지만, 「사선」으로 방향을 전환하지 않으면 안 됩니다. 기업이나 업계에 따라 다르지만 30도 정도의 전환에서 90도 가까운 급전환이 필요한 경우도 있습니다.
　비스듬히 나아가기 때문에 당연한 일이지만 직진보다 가야 할 거리가 늘어납니다.
이전보다 얼마나 전진했는가 하는 점에서는 평가가 떨어집니다. 단기간에 결과가 나오기 어려울뿐더러, 진행되고 있는 것처럼 보이기도 만만치 않습니다. 그래도 탈탄소로 키를 돌리려면 방향을 바꾸지 않으면 안 됩니다.
　나중에 20~30%의 비율로 「그렇군요. 에다씨의 말을 들었을 때 순간적으로 화가 났지만, 덕분에 각오를 더욱 더 다지게 되었습니다」라고 재차 연락을 받게 되는 경우가 많습니다.
　저자는 이렇게 전합니다. 고맙습니다. 그때는 실적이 안 된다고 말씀드렸지만, 사장님의 대처를 후세가 분명히 평가해 줄 겁니다. 다음 세대를 위해 함께 노력하시죠.
　경영자가 스스로의 평가에 신경 쓰지 않고, 탈탄소에 임하겠다는 「각오」가 생기면 그 다음부터는 단숨에 진행됩니다.

경영자는 「to be (당위)」를 말해선 안 된다

각오를 다진 경영자가 가장 먼저 하는 일은 「방향성을 제시」하는 것입니다.

그럼 방향성은 어떻게 결정할까요?
경영학에서는 일반적으로 「당위의 모습」을 생각합니다. 아시는 분들도 많은 「As is / To be」 모델의 활용입니다.

「As is」는, 자사의 현재의 모습을 말합니다.
To be는 자사의 「바람직한 이상형」입니다.
「현상(As is)」과 거기에서 「당위(To be)」를 생각하고, 그 차이(gap)을 메우기 위한 구체적 행동을 실천해 갑니다.

하지만 「당위(to be)」가 아니라 「되고 싶은 모습(want to be)」을 그리는 것이 좋습니다.

당위(to be)로 생각할 경우에는 함정에 바지기 쉽기 때문입니다. 「As is / To be」부터 생각하기 시작하면 이미 가지고 있는 자사의 기술이나 인재, 네트워크 등을 무의식중에 활용합니다. 그 결과 실현 가능한 미래로 가자라는 식의 결론으로 끝맺음되는 경우가 많습니다.

「As is / To be」모델은 잠시 잊고「되고 싶은 모습(want to be)」을 생각해봅니다. 탈탄소 사회에서 자사가 어떻게 되고 싶은지를 진진하게 생각해 보는 겁니다. 평소 입고 다니는 갑옷을 벗으면 몸과 마음이 가벼워지고 큰 그림을 그릴 수 있습니다.

「어, 있어야 할 모습(To be)이 되고 싶은 모습(want to be)이랑 동일한 거 아닌가?」라고 생각하셨던 독자 분이 계시지 않을까요? 아니면「되고 싶은 모습이란 용어에서는 의지가 느껴지지 않는다. 있어야 할 모습만큼 보다 강한 언어를 사용해 의식하지 않으면 달성할 수 없다. 모두가 움직이지 않는다」라고 생각하시는 분들도 계실 것입니다.

바로 이것이야말로 저자를 포함한 현역 세대가 빠지기 쉬운 함정입니다. 성취를「반드시 내 눈으로 확인해야겠다」는 강한 욕구를 버려야 합니다. 내 인생의 타임스팬에서 벗어나지 못하고 있는 것입니다.

「있어야 할 모습」은 우리 세대에게는「있어야 한다」일 수도 있지만 20대 직원이나 미래의 고객에게는 어떨까요?

「2050년, 2100년, 지금과 같은 나이였다면 자신이나 회사는 어떻게 되고 싶은가」를 출발점으로 그려보세요.

「있어야 할 모습」이 경영진의「각오」에서 시작되는 것에 비해, 「되고 싶은 모습」은 「경영진의 각오와 관계된 사람, 장래 관련되는 사람도 포함한 꿈」에서 시작하는 것입니다.

물론, 그려진 「되고 싶은 모습」을 달성하기 위한 장벽은 높아집니다만, 그것이야말로 본래 우리가 추구해야 할 목적입니다. 보유 자산이나 자사가 할 수 있을지 어떨지에 대한 제약을 걷어내고 소비자나 파트너 기업도 끌어들인 「되고 싶은 모습」을 그려 보는 겁니다.

경영자가 「각오와 꿈」을 가지고 그린 「되고 싶은 모습」에는 직원들도 공감해 줄 것입니다. 직원들이 진심으로 공감할 수 있다면 조직 전체의 에너지로 전환됩니다. 큰 그림을 그리게 되면 지금까지 사용하지 않았던 머리와 마음의 근육이 움직이고, 거기에서 집단적 예지(叡智)가 생기는 것입니다.

탈탄소 모델과 탈탄소 전략의 차이를 이해하다

기업이 탈탄소를 진행할 때 「탈탄소 모델」과 「탈탄소 전략」 두 가지로 나누어 생각하는 것이 중요합니다.

저자의 경험에서 비롯된 것입니다만, 양쪽을 구분하지 않고 검토를 진행시켜, 「무엇을 어디에서 하면 좋을까」에 대한 생각이 정리되지 않는 기업이 많기 때문입니다.

명확하게 두 가지로 나누면 정리에 도움이 되고 행동으로 이어집니다.

「탈탄소 모델」과 「탈탄소 전략」은 차에 비유하면 두 바퀴입니다. 어학공부를 예로 들자면 단어, 문법, 말하기, 읽기로 나뉜다고 생각하면 이해하기 쉽습니다.

첫 번째 「탈탄소 모델」이라는 것은 자사의 탈탄소를 어떻게 추진해 나갈 것인가, 어떻게 탈탄소가 지속적으로 진행되는 흐름을 만들고 정착시킬 것인가 하는 것입니다.

구체적으로는 온실가스 배출량을 가시화하고 감축해 나가는 것 등입니다. 사원 교육이나 거래처에의 요청, 정보 공유도 포함됩니다. 행동으로는 재생가능에너지로의 전환, 운송·배송의 효율화, 제조 공정의 에너지절약화, 자사 제품의 재이용 검토 등을 생각할 수 있습니다.

또 다른 하나인 「탈탄소 전략」은 탈탄소 사회에서 자사가 어디에 역점을 두고 영속적으로 사업을 성장시키느냐에 관한 내용입니다.

탈탄소 사회로의 전환은 업계에 큰 변화를 가져올 수 있습니다. 그걸 놓치면 안 됩니다.

「탈탄소 전략」은 「수비」와 「공격」으로 나누어 생각하면 좋습니다.

「수비」의 예로는, 사업 영역의 재편성 등입니다. 탈탄소 사회에 맞지 않는 사업은 줄이고, 보다 성장 가능성이 있고 CO_2 배출량이 적은 사업에 주력하는 것입니다. 사업 매각을 통해 투자할 수 있는 자금을 만들어 내는 것도 생각할 수 있습니다. 「공격」으로는 탈탄소 사회를 염두에 둔 신제품·서비스 개발, M&A나 얼라이언스 등이 있습니다.

신제품·서비스 개발에서는 사회의 탈탄소에 기여할 수 있는 제품이나 서비스의 개발, 하드웨어 중심의 단독 판매에서 디지털을 활용한 소프트웨어(데이터)의 지속 판매로의 전환 등을 생각할 수 있습니다.

M&A나 얼라이언스에서는 자사의 문제에 대한 해결책을 가진 기업과의 제휴나 탈탄소 추진에 기여하는 제품이나 서비스를 가진 스타트업에 투자나 지원하는 것을 생각할 수 있습니다.

예를 들면, 소니는 탈탄소에 관련되는 기술을 보유한 벤처 기업 투자에 적극적입니다. 벤처 캐피털인 WiL(윌)이 설립한 1조원 규모의 펀드에 참가해, 국내외 유망 기업을 발굴하고 있습니다.

경영자로서는 「탈탄소 모델」과 「탈탄소 전략」의 차이를 이해하고 양쪽을 조화롭게 진행해 나가는 것이 중요합니다. 어느 한 쪽에만 너무 힘을 쏟지 않는 것이 중요합니다. 자동차에 빗대어 말하면 어느 한쪽의 바퀴만 돌게 되면 그 자리에서 빙글빙글 회전하기만 하고 앞으로 전진하지 못합니다.

이미 탈탄소에 임하고 있는 기업 관계자들도 두 가지를 의식적으로 나누어 보시기 바랍니다. 분명 새로운 착안점을 얻게 될 것입니다.

왜 「TO DO 리스트」는 실패하는가?

여러분이 그린 「되고 싶은 모습(want to be)」을 실현하기 위해서는 「무엇을 어떤 순서로 해 나갈 것인가」라는 부분에서 경영진의 센스가 요구됩니다.

그때 해야 할 일을 TO DO 목록으로 열거하는 것은 매우 중요하지만 목록 위에서부터 차례로 진행하려다 보면 암초에 부딪히기 쉽습니다.

예를 들어 앞서 소개한 「탈탄소 모델」에는 진행하기 쉬운 순서가 있습니다.

시작은 자사의 배출원과 배출량을 제대로 파악하는 것입니다.

이른바 「시각화」입니다.

예를 들어, 가시화에는 **범위 1, 범위 2, 범위 3**이라는 영역이 있습니다.

범위 1 : 사업자 스스로가 직접 배출한 온실가스(연료 연소, 공업 프로세스)

범위 2 : 타사에서 공급받은 전기, 열·증기 사용에 따른 간접 배출

범위 3 : 범위 1, 2 이외의 간접 배출(사업자의 활동과 관련된 타사의 배출)

범위 3의 대상은 거래처, 종업원의 일상적 행동, 고객에게까지 미칩니다. 이것은 일반적으로 15개의 분야로 나눌 수 있습니다. 범위 3은 매우 범위가 넓기 때문에 온실가스 배출량은 범위 1, 2의 10배 이상이 되는 경우도 드물지 않습니다.

이 범위 3까지의 탈탄소를 내일 당장 달성할 필요는 없습니다. 순서대로 말하면 범위 1과 범위 2를 진행한 후에 범위 3에 임하면 됩니다.

먼저 시작하는 범위1과 범위2에 대해서는 「비용을 늘리지 않고 실현하는 방법」이 존재합니다.

저자가 경영하는 회사는 연간 200여 개 기업의 에너지 비용 진단·절감 및 탈탄소 추진을 돕고 있습니다. 에너지 비용이 연간 1000만 원 정도에서 연간 1000억 원을 상회하는 기업까지 다양합니다.

그 경험을 통해 알게된 것은 거의 모든 기업에서 에너지 비용의 삭감 여지가 있다는 것입니다.

의외일 수도 있지만, **특히 에너지 비용이 월 5000만 원에서 연간 6억 원 정도의 기업의 경우, 대폭적인 비용 절감이 기대되는 경우가 많습니다.** 「탈탄소를 추진하면 비용이 많이 올라간다」고 생각하기 쉽지만 「탈탄소를 진행하는 순서를 잘못 알고 있기」때문인 경우가 많습니다.

만약 오랜 세월 동안 허약해진 몸을 학창 시절과 같은 상태로 되돌리고 싶다면 먼저 스트레칭이나 식사 조정으로 지방을 떨어뜨리고 나서 근육 트레이닝을 해야 한다고 생각하는 것과 같습니다.

우선, 범위 1과 범위 2로 비용 절감을 시도합니다. 거기서 얻은 자원을 활용해 탈탄소가 어려운 부분도 진행해 나갑니다. 즉, 절감한 돈을 재생가능에너지의 조달이나 설비 투자로 돌리는 것을 추천합니다.

　어디까지나 하나의 사례입니다만, 재생가능에너지 도입에 대해서는 제삼자 소유 모델(PPA 모델) 등의 구조가 있습니다. 유휴지를 활용하여 초기 비용을 줄이고 재생가능에너지로 전환하는 것도 가능합니다.

　범위 3에 대해서는 환경성이 운영하는「그린·밸류 체인 플랫폼」이 매우 도움이 됩니다. 온실가스의 공급망 배출량 산정에 대해 배울 수 있는 사이트입니다.

　서플라이체인(supplychain)이란 원료나 부품의 조달에서부터 공장에서의 제조, 제품의 출하나 배송, 가게에서의 판매, 고객의 자택에서의 소비까지의 일련의 흐름을 말합니다.

　이 사이트에서는,
· 공급망 배출량이란
· 스코프 3 의 15개 카테고리 분류
· 공급망 배출량을 산정하는 것의 장점
· 공급망 배출량의 산정 흐름에 대해서
등에 대해 자세한 설명이 게재되어 있습니다.
　덧붙여 기업의 대처 사례를 업종별로 소개하고 있습니다. 중소기업을 포함한 국내외 기업에 대해 폭넓게 소개되어 있기 때문에 자사에 참고가 되는 사례를 찾을 수 있을 것입니다.

빅데이터, AI, IoT와 탈탄소

먼저 임하는 범위 1과 2 부분을 좀 더 자세히 말씀드리겠습니다. 범위 1과 2에서는 디지털 기술을 활용할 수 있습니다. 새로운 디지털 기술인 빅데이터, IoT, AI, 클라우드 등입니다. 이를 기업이 탈탄소를 진행하는 단계에 따라 소개하겠습니다.

단계 1 : 온실가스의 가시화

앞서도 말씀드렸지만 첫 단계는 온실가스의「가시화」입니다. 왜「가시화」냐면 원래「자사에서 얼마나 온실가스를 배출하는지」를 모르고 추진하는 것은 의미가 없기 때문입니다.

예를 들어, 다이어트를 할 때 애초에 자신의「체중이 몇 kg」이고「체지방이 몇 %」인지 알아야 얼마나 살을 빼야 할지 알 수 있기 때문입니다.

온실가스 가시화에는 IoT 등 센서 네트워크와 분석하는 데이터 해석 기술이 매우 중요한 역할을 담당합니다.

아시는 분도 계시겠지만, 에너지 데이터는 현재 매우 세밀하게 측정할 수 있습니다. 최근 들어 센서를 설치하거나 디스애 그리게이션(Disaggregation)이라는 전력이용 데이터를 AI로 해석하는 기술이 크게 발전하고 있습니다.

건물의 경우, 센서나 IoT 기기가 건물 안에 있는 정보를 수집하고 통신회선을 경유해 클라우드 컴퓨터에 에너지이용 데이터가 축적됩니다. 축적된 데이터는 AI 등을 활용해 분석함으로써 에너지 이용 현황과 온실가스 배출 현황까지도 상세히 파악할 수 있습니다.

단계 2 : 온실가스 감축

정확한 에너지 이용량이나 온실가스 배출량의 계측(가시화)이 완료된 후에는 온실가스 감축으로 진행합니다.

삭감하는 방법은 주로 세 가지가 있습니다.

첫 번째 방법은 에너지절약 촉진입니다. 지금보다 에너지절약 설비나 서비스를 이용하는 것입니다. 수집한 에너지이용 데이터에서 어떤 설비를 교체해 나가는 것이 가장 효율적인지 등을 분석합니다. 또 인간행동 데이터(사람들이 어떻게 움직이는지, 어디에서 와서 어디로 가는 지 등에 대한 데이터-역자 주) 등을 사용하여 쾌적함을 유지하면서 공조 이용을 억제하는 시도 등으로도 확대되고 있습니다.

두 번째 방법은 재생에너지 이용입니다. 예를 들면 자사의 부지 내에 태양광 발전 등을 설치하거나 전력회사로부터 CO2 프리 전기를 구입하거나 하는 등의 방법이 있습니다. 태양광 발전시설을 설치할 경우 「얼마나 발전할 수 있을 것인가」를 예측하는 것이 중요합니다. 발전량은 날씨에 좌우되기 때문에 기상 예상 데이터 등을 활용하여 발전을 예측하는 기술이 발전하고 있습니다.

발전 예측 데이터와 자사의 에너지 이용 예측을 매칭시킴으로써 부족한 전기가 얼마나 되는지도 계산할 수 있습니다. 그렇게 함으로써 보다 효율적인 에너지 이용 방법을 추구할 수 있습니다.

세번째 방법은 「전기화」입니다. 기업에서는 전기 이외에 가스나 휘발유 등도 이용하고 있습니다. 「전기화」는 가스나 가솔린을 전기로 대체해 가고자 하는 시도입니다. 그 때, 법인용 차량에의 EV 활용도 선택사항 중 하나입니다. EV를 효과적으로 활용함으로써 비용 삭감의 여지도 있습니다.

예를 들어 축적된 직원의 행동 및 이동 이력을 AI로 분석해 전기 가격이 저렴한 시기에 필요한 만큼 전기를 구입해 나가는 것입니다. 아직 실증 단계이지만 5년 정도면 실용화가 되어 있을 것입니다.

디지털 활용으로 기업은 그 어느 때보다 에너지 비용을 절감하고 온실가스를 줄일 수 있습니다.

[그림 1] 주요개선 테마 및 정량적 효과

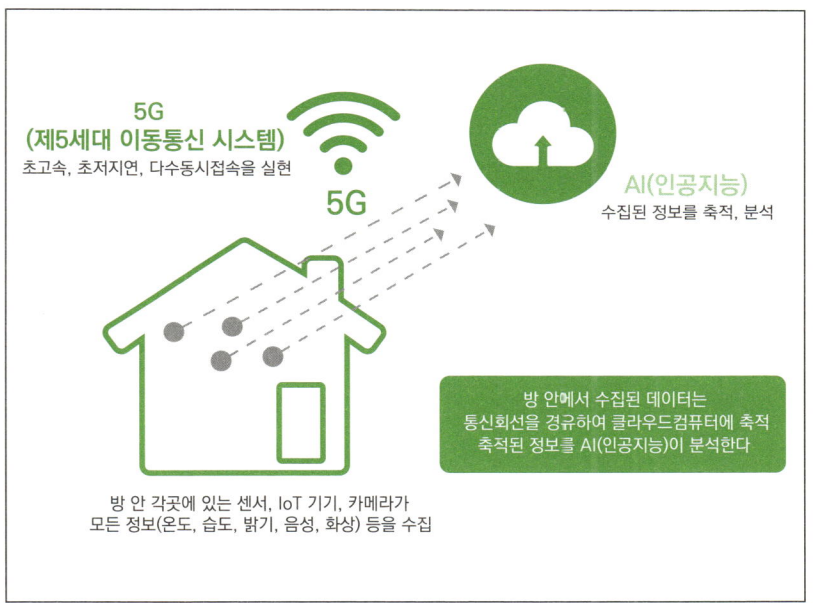

탈탄소추진으로 일석삼조, 일석사조도 가능

여기까지 읽으면서 자사의 탈탄소 추진이 「많이 힘들구나」라고 느끼신 분들도 계시지 않을까요.

그래서 기업이 탈탄소에 임하는 경우, 기대할 수 있는 장점을 다시 확인합니다.

연기금, 투자자, 금융기관으로부터의 평가가 높아져 투자나 대출을 받기 쉬워지는 것에 대해서는 이미 언급했습니다. 이 외에 어떤 장점이 있을까요? 잘 알려지지 않은 장점 몇 가지를 언급하고자 합니다.

첫 번째로 「장래의 경영자 육성으로 연결된다」는 것입니다.
탈탄소에 대해 배우는 것은 사회 전체를 이해하고 새로운 시각으로 사회에 대해 생각하는 계기가 됩니다. 이러한 경험은 미래의 경영자에게 매우 중요한 자원입니다.

예를 들어, 온실가스, 물, 인권, 재해, 자원, 생물 다양성 등에 대해 알아봄으로써 미래의 경영과제에 앞서 대비할 수 있게 됩니다. 더불어 제품의 원료에서 소비자의 제품 폐기까지의 일련의 흐름을 깊이 이해할 수 있습니다. 제조업 중심의 산업구조를 가진 국가에서 자사의 전체상이나 사회와의 관계를 알아 두는 것은 장래 경영자에게 꼭 필요한 자질입니다.

두 번째는「사내에 새로운 정보 유통망이 완성되는」것입니다. 탈탄소에 대응하는 과정에서 사내에 새로운 정보의 흐름이 생깁니다. 그동안 연계가 없었던 부서끼리 정보를 공유하는 계기가 됩니다.

조직 내 종적관계를 타파해 부분 최적화를 깨는 계기가 되기도 합니다. 소원했던 부서끼리 새롭게 연결되면 서로를 이해하고 사내에서의 새로운 협력관계가 생겨납니다.

세 번째는「트러블이 발생했을 때 경영리스크를 헷지할 수 있다」는 것입니다. 사소한 불상사가 계기가 되어 소비자 불매운동, 주가 하락, 경영자의 퇴진으로 이어지는 경우를 여러분도 알고 계실 것입니다. 불상사가 아니더라도, 코로나19 사태로 인한 요식업과 호텔업의 위축 같은 예상치 못한 트러블에 휘말릴 수도 있습니다.

트러블에 휘말리지 않는 리스크 관리가 가장 중요하지만, 만약 트러블에 휘말리는 경우에도 평소 좋은 평판을 유지했다면 실적 급락을 방지하는 데 도움이 될 수 있습니다. 고객이나 구입처에게「왠지 도움을 받을 수 있는 기업」이라는 이미지는 평상시 신뢰를 쌓아가는 데 큰 효과가 있습니다.

자사의 탈탄소 추진이 여러 어려운 점이 있기는 하지만, 이를 상회하는 많은 장점 또한 있습니다.

5.2 사원을 끌어들이는 비결

탈탄소 추진에는 사원의 참여가 필수적입니다. 그럼 사원을 어떻게 끌어들일 것인지, 어떤 사람을 추진 실무진이나 실행 멤버로 선발하면 좋은 것일까요.

첫 번째 관문은 의외의 곳에 있다

「사회공헌에 쓸 돈이 있다면 판촉에 더 지원을 늘려 달라」 영업부장이 던진 한마디가 대회의실에 퍼졌습니다. 기업의 사회공헌 활동을 담당하는 CSR 부장인 50대 여성이 지난 1년간의 활동 경과를 경영진에게 보고한 직후의 일입니다.

CSR 부장을 지원해야 했던 저자는 불시에 할 말을 잃고 말았습니다. 이 기업은 중소기업이 아니라, 누구나 알고 있는 일본을 대표하는 가정용 일용품 제조업체입니다.

저자는 2005년부터 기업의 환경, 사회공헌 활동을 지원하고 있습니다만, 위와 비슷한 장면을 여러 번 경험했습니다. 지원 과정에서 느낀 것은 활동의 의의를 「사내에서 공감을 얻기」가 상상 이상으로 어렵다는 것이었습니다.

제1관문은 「사내」에 있습니다.

저는 회의가 끝나자마자 곧바로 영업부장에게 달려갔습니다. 발언의 진의를 알고 싶었습니다. 이야기를 해보니 악기는 없었던 것 같았습니다.

미안합니다. 매일 실적에 쫓기는 부하들이 불쌍해서요. 영업부장으로서는 날마다 실적과 씨름하는 부하들의 마음을 대변하고 싶었던 것 같았습니다. 후일, 그와는 별도의 시간을 갖고, 어떻게 하면 CSR 활동이 영업활동에도 기여할 수 있을지에 대해 의견을 교환했습니다.

왜 이 에피소드를 소개했냐면 탈탄소 추진 시에도 유사한 일이 일어나기 때문입니다. 사내에서 「되고 싶은 모습」을 공유하지 않은 채 일방적으로 진행하면 첫 관문에서 멈추게 됩니다.

이때 저자와 같은 외부인이 설명하는 것도 하나의 방법입니다. 하지만 직원들은 경영진이 직접 설명해 주기를 원할 것입니다. 경영진이 각 부서와 대화를 거듭하면서 「되고 싶은 모습」이 사내에 침투해 갑니다.

사원이 움직이지 않는 데는 이유가 있다

탈탄소 대처를 경영 지표에 넣어 경영진의 보수에 반영하려는 움직임이 확대되고 있습니다. 실제로 대기업을 중심으로 임원의 보수와 탈탄소의 대처 결과를 연동시키고 있습니다. 경영진 평가에 포함함으로써 경영진은 자연스럽게 탈탄소를 의식하게 됩니다.

이제 한 걸음 더 나아가 탈탄소를 추진하는 직원들을 제대로 평가하는 제도를 정비해 보는 것은 어떨까요?

「자사의 탈탄소를 어디서부터 진행해야 할지, 어디까지 진행해야 할지」에 경영자가 고민한다면 직원들은 더 고민할 것입니다. 왜냐하면, 자신의 앞으로의 사회인 인생과 밀접하게 관계되기 때문입니다.

그래서 만약 탈탄소에 진심으로 임한다면 경영자는 직원을 제대로 평가해 주지 않으면 안 됩니다.

아까 「되고 싶은 모습」의 중요성은 말씀드렸습니다. 「되고 싶은 모습」과 마찬가지로 평가라는 인센티브를 함께 제도적으로 마련해 주면 직원들의 행동에 탄력이 붙게 됩니다. 인센티브란 구체적으로 「평가, 보수, 예산」 등입니다.

인센티브와 「되고 싶은 모습」이 모두 마련되면 사람은 능동적으로 움직이기 시작합니다.

저자는 「우리 회사에는 솔선수범하는 직원이 적다」고 한탄하는 경영자를 만나기도 합니다. 경영자는 사원 스스로가 자신의 머리로 생각하고 능동적으로 행동하기를 원합니다. 그러나 솔선수범하는 사람이 적다고 해서 「여러분, 이제는 스스로 생각하고 솔선수범해 행동합시다」라고 아무리 전해도 변화는 일어나지 않습니다.

직원들이 움직이지 않는 이유는 명확합니다. 행동한 사람이 적절하게 평가받을 수 있는 구조가 아니기 때문입니다. 능동적으로 탈탄소를 추진하고 싶다면 「되고 싶은 모습」에 공감하고 적극적으로 움직이려는 직원에게 인센티브를 주는 것을 잊지 말아야 합니다. 「행동이 평가나 보수로 이어진다, 활동에 예산이 붙는다」를 알게 되면 직원은 스스로 움직이기 시작합니다.

슈퍼맨을 기대해서는 안 된다

「위기에 강한 인재가 진짜 인재」라는 말을 알고 계시는지요. 큰 과제에 과감히 도전하고 수많은 어려움을 극복하고 해결하는 사람을 말합니다.

기후위기와 탈탄소로의 전환은 그야말로 세계 전체를 휩쓸고 있는 「위기」입니다.

과거 사례로는 산업혁명 혹은 1990년~2010년경까지 IT혁명이 일어난 시기를 상기하면 될 것 같습니다.

위기 시 어떤 어려움이 와도 극복할 수 있는 「위기에 강한 인재」가 있다면 얼마나 든든한지 모릅니다.

예를 들어 드라마 주인공인 한자와 나오키같은 사람일 수도 있습니다. 저자는 「한자와 나오키」의 열렬한 팬으로 매번 녹화해서 최소 두 번은 봤을 정도였습니다. 닥치는 고난을 이겨내는 주인공의 모습을 보며 눈시울이 뜨거워지고, 「나도 저렇게 되고 싶다」고 마음속으로 생각하고 또 생각했습니다.

그러나 현실세계에는 한자와 나오키와 같은 「위기에 강한 사람」이 존재하는 것이 아니라, 「위기 시 기능하는 상황이 있고 거기에 적절한 사람이 있다」고 생각합니다.

왜냐하면 「위기에 강했던 사람」이 다른 장소에서도 똑같이 활약할 수 있다고 예상할 수 없기 때문입니다. 그 사람의 능력이 부족한 것이 아니라, 능력을 펼칠 「상황」이 갖춰지지 않은 것이 원인인 경우가 대부분입니다.

사람은 신경쓸 일이 적고 안심한 상태에서 일을 진행되는 경우, 집중력있게 과제에 임할 수 있습니다. 경영자가 해야 할 일은 한자와 나오키라는 슈퍼맨을 찾는 것이 아니라, 「위기에서도 기능할 수 있는 환경 조성과 적절한 인재 발굴」입니다.

5.3 이해관계자를 끌어드리는 비결

사원 이외에도 탈탄소를 진행시키는데 있어서, 포함시켜 가야 할 이해관계자가 존재합니다. 주요 이해관계자에는 「고객·소비자」, 「비즈니스 파트너(거래처)」, 「투자가·주거래 은행」등이 포함됩니다.

CO_2 감축을 고객과의 「공통 언어」로

저자의 제안입니다만 「CO_2의 감축을 고객과의 「공통 언어」로」하면 어떨까요.

사람이 생활하는데 있어서 CO_2배출은 피할 수 없습니다. 자사가 판매하는 제품 영역을 대상으로 CO_2 감축에 대해 「당사가 관리하겠습니다!」라고 전하는 것입니다.

CO_2 감축을 고객과 공감할 수 있는 「공통 언어」로 만든다는 생각입니다.

참고가 되는 사례가 있습니다. 미국 샌프란시스코에 본사를 둔 신발 제조사 올버즈입니다. 동사는 제품의 소재, 제조, 폐기의 프로세스에서 배출된 온실가스의 총량을 CO_2로 환산해 공개하고 있습니다. 동사는 CO_2 배출제로의 신발 만들기를 목표로 설정하고 고객은 이에 지지를 보내고 있습니다.

게다가 동사는 패션 업계 전체가 배출하는 온실가스에 주목해, 자사에서 독자 개발한 CO_2 산출 툴을 경쟁업체가 이용할 수 있도록 공개했습니다.

이러한 대처를 통해서 올버즈는 자사만의 독창적인 이미지 형성에 성공했습니다.

지금까지 기업 전략의 기본은 「자사의 강점에 입각하여 타사와 차별화를 도모하는 것」이었습니다. 특히 고객과의「정보 비대칭성(information asymmetry)」을 활용해 우위를 점하고 수익화해 왔습니다.

하지만 **앞으로는 고객과의 정보 공유(Information sharing)도 진행해 나가야 합니다.** 정보 공유가 진행될수록 고객의 기업에 대한 신뢰감은 높아집니다. 기업 스스로가 발산하는 특징과 강점을 연마해 가는 것입니다. 꿀벌이 모여드는 꽃처럼 고객을 끌어당길 수 있는 힘이 중요해질 것입니다.

독창적인 포지션을 구축해 이야기를 풀어가야만 이야기를 함께 실현하고 싶은 고객들이 몰려듭니다.

하청업체에게 무리한 요구를 하고 있지는 않습니까?

독자 여러분의 회사 중에 고객의 목소리를 듣지 않는 기업은 없을 것입니다. 그럼 파트너사의 목소리는 어떨까요?

여기서 말하는 파트너사는 단골손님이 아니라, 「구입처나 의뢰처」를 의미합니다. 제가 좋아할 수 없는 말, 이른바 「하청」도 포함됩니다.

당신의 회사가 의뢰인인 경우에도 파트너 기업의 목소리를 듣고 있을까요.

예를 들어, 탈탄소를 진행할 때 자신들의 사정을 중심으로 생각하지 않을까요. 자사가 조속히 탈탄소를 추진해야 한다는 사실을 파트너사에도 무리하게 요구하고 있지는 않나요.

「밀어붙이기」와 「함께 나아가다」는 전혀 다른 의미입니다.

의뢰하는 측에서 보면 똑같다고 생각할지도 모르지만, 의뢰받은 측에서는 생각이 180도 다릅니다. 자사가 황급히 서두른 나머지 입지가 약한 사람 및 회사에 대해 억지를 부리는 것은 아닌지 항상 확인하는 겸허함이 중요합니다.

왜냐하면 탈탄소를 추진해 나가려면 파트너사의 협력이 필수적이기 때문입니다. 고객은 물론, 「구매처, 의뢰처, 하청」등의 파트너 기업과도 협조 및 협력해 나가야 합니다.

장기적으로 건설적인 대화를 나눌 수 있는 파트너는 중요합니다. 자사 단독 혹은 개인 단독으로는 한계가 뚜렸합니다. 좋은 대화 상대를 보유하고 있는지 아니면 자사 단독으로 생각하고 있는지에 따라 결과가 달라집니다.

구입처나 의뢰처를 「아래」로 보고, 자사의 사정을 강요해도 「뭐 큰 문제는 없을거다」라고 생각하고 있으면, 나중에 반드시 보복을 당합니다. 실적이 견조한 동안에는 괜찮더라도 상태가 나빠지면 그들에게 버림받게 됩니다.

「하청에게 무리한 요구를 하고 있지는 않습니까?」그들에게 진심으로 존경받고 더불어 탈탄소 사회로의 전환을 추진할 때, 비로소 새로운 성장이 이뤄집니다.

탈탄소로 몰려드는 머니를 활용해야

「세계로부터 돈을 불러들여라!」라고 하면 조금 지나칠지도 모릅니다만, 그 정도의 기개가 있어도 좋지 않을까요.

탈탄소로 흘러들어오는 돈을 유연하게 활용해 나가는 겁니다.

탈탄소를 진행하는 기업 대상으로 다양한 투자나 융자 방법이 생겨나고 있습니다.

예를 들어, 재생가능에너지의 도입, 에너지절약 실시 자금 등을 조달하기 위한 그린본드나 그린론 등이 대표적입니다. 기업이 탈탄소 사회로 이행하기 위한 자금을 조달하는 트랜지션 파이낸스, 목표 달성에 따라 이자율 등의 조건이 달라지는 서비스 채권과 스타트업에 투자하는 클린 테크 펀드 등도 있습니다.

자사가 탈탄소를 추진하고 있다는 점, 탈탄소 사회에서 더욱 활약하는 기업이라는 점, 구체적인 투자 계획이 있음을 밝히고 돈을 조달해 나가야 합니다. 바로 테슬라가 그 전형입니다.

일론 머스크는 큰 꿈을 말하고 돈을 모았습니다. 모은 자금을 사용해, 꿈을 현실로 만들어 가고 있습니다. 물론 테슬라조차 모든 것이 계획대로 진행되는 것은 아닙니다. 하지만 그 긴장감은 악당을 좀처럼 이길 수 없는 히어로 영화를 보는 것 같아 투자자들은 테슬라를 응원하고 싶어지는 것입니다.

테슬라 같은 기업이 약진할 수 있는 배경에는 그동안 돈이 모이는 방식이 달라지고 있다는 것도 영향을 주고 있습니다. 그 어느 때보다 개인이 기업에 쉽게 투자할 수 있게 되었습니다.

예를 들어 스마트폰 앱에서 부담 없이 기업의 주식을 사는 개인이 급증하고 있습니다. 데이트레이더가 이용하는 투자 앱 「Robinhood(로빈 후드)」의 인기는 그 전형적인 예입니다.

여담입니다만, **만약 독자 분이 개인 투자자라면 「탈탄소 사회에서 성장하는 기업은 어디인가」라는 시각**에서 탈탄소 시대의 애플이나 구글을 찾아보는 것은 어떨까요.

　탈탄소 사회로의 전환으로 「부의 이전」이 일어날 것이라고 앞서 말씀드렸습니다. 유망 투자처를 찾을 수 있는 절호의 기회입니다. 탈탄소 사회에서는 반드시 부상하는 기업이 배출될 것입니다. 그 중 하나가 테슬라일 것이고, 앞으로도 유망한 회사가 나올 것입니다.

때로는 「미움받을 용기」도 필요

　기업에게 자사를 장기적으로 응원해주는 주주와 금융기관은 매우 든든한 존재입니다.

　투자자 및 금융기관과 좋은 관계를 구축하려면 평소 소통과 꾸준한 대화가 가장 중요합니다.

　「20××년, 탈탄소를 목표로 합니다」라는 선언만으로는 불충분하고 장기적인 계획을 상세하게 설명하는 것이 중요합니다. 수년 단위의 적절한 중간 목표를 설정하고 달성 상태를 공유해 나가는 것에도 주의해야 하며, 지금까지 실시해 온 것을 정리하고 전달하는 것도 게을리해서는 안 됩니다.

　투자가나 금융기관이라고 간단히 말해드 실제로는 매우 다양합니다. 복잡한 것은 각자 의견이 다르다는 것입니다.

　우리가 소통하는 목적 중 하나로 「취사선택」이 있습니다. 투자자 및 금융기관의 누구와 사이좋게 지낼지 취사선택하는 것도 중요합니다.

단기적인 급성장을 원하는 일부 주주들로부터는 「미움받을 용기」도 필요합니다. 즉, 「장기적으로 지켜봐 주는 주주를 희망한다」라는 명확한 메시지를 발신해 나가는 것과 단기적인 이익만을 추구하는 사람과는 인연을 정리하는 것도 용기있는 행동입니다.

부디 「많은 직원」, 「고객·소비자」, 「비즈니스 파트너(거래처)」, 「투자가·주주·은행」을 적극적으로 끌어들여 여러분 회사의 탈탄소를 추진해 가기를 기대합니다.

마지막으로

끝까지 읽어주셔서 감사합니다.

본서를 통해 독자분들이 새롭게 알게 된 정보도 있었을 것 같고, 저자의 의견과 다른 부분도 있었을 것입니다.

독자 여러분과 의견이 100% 같을 수는 없다고 생각합니다. 왜냐하면 태어난 세대, 태어난 이후 지금까지의 삶의 행보 그리고 현재 처한 상황도 다르기 때문입니다.

서장에서도 밝혔지만 본서에는 저자의 「바이러스」가 들어 있습니다. 저자는 2000년에 대학을 졸업하고 컨설팅 회사에

취직하여 2005년에 창업했습니다. 그 후, 지금까지 다양한 입장의 비즈니스맨들과 대화하면서 다양한 의견을 접해 왔습니다.

일류 기업으로 세계를 무대로 일하는 경영자층, 창업해 상장까지 도달한 사업가, 뜻밖에 회사가 도산하게 된 분, 재기를 목표로 하는 분, 그 중에는 사람을 속여 이익을 취하려는 분들도 있었습니다.

특히 저자에게 「귀중했다」고 생각되는 것은, 2005년 아무것도 없는 상태에서 시작했을 때, 「저자의 의견에 아무도 귀 기울여 주지 않는 시간」을 여유롭게 보냈다는 것입니다.

그러한 경험이 쌓이고 쌓여 만들어진 것이 「지금의 의견」입니다.

본서에 담은 생각을 한 마디로 정리하면, 「독자 여러분에게 탈탄소와 비즈니스에 대해서 자신의 일로 받아들이고 생각하여 실제 행동에 옮길 수 있기를」 기대합니다.

본서는 조금이라도 여러분의 「두뇌와 마음」에 자극이 되었으면 좋겠다고 생각하면서 썼습니다.

그렇게 함으로써, 독자 여러분에게 「자신이나 자사가 정말로 생각해야 하는 것은 무엇인가」를 생각해 보는 계기를 제공하고, 저자와는 다른 「여러분의 의견」을 가져 주셨으면 합니다.

그리고 꼭 행동으로 실천했으면 합니다.

그때 저자가 제공한 정보나 의견들이「사고와 행동」의 보조 도구로 활용된다면 더할나위 없겠습니다.

본서는 어디까지나 탈탄소를 위한 첫걸음입니다. 꼭 비즈니스 현장을 경험하여 스스로의 몸과 마음으로 체감하기를 제안드립니다.

저자에게는 탈탄소 사회로의 이행은 세계가 변해가는 전환기로 보입니다.

탈탄소 사회에서는 에너지의 본연의 모습이 집중 에너지로부터「분산형의 네트워크화된 에너지」로 변화되어 전 세계의 에너지가 인터넷과 같이 연결될 것입니다.

이를 통해 에너지가 현저하게 저비용화(정액화)되어 EV, 드론, 자동 배송 등이 보급됩니다. 모든 건축물이 그 자체로 발전하고 연결되며 IoT, AI, 블록체인 기술의 혁신과도 맞물려 사람의 삶과 일하는 방식이 극적으로 바뀔 것입니다.

그리고 사회는「경제 중시의 피라미드형 계층 구조」에서「사람으로서의 가치관 중시의 횡적 연결」로 진전해 갈 것입니다.

저자는 지금도 그렇게 망상하고 있습니다.

독자 여러분이 탈탄소라는 새로운 바람을 인지하고 맞바람을 순풍으로 바꾸는 행동법과 사고법을 익힐 수 있기를 기원합니다. 나아가 비지니스 찬스로 적극 활용해 나가길 기대하며, 본서가 그 계기가 되었으면 합니다.

부록

저자와의 인터뷰 (2022년 9월 16일)

본서는 탈탄소 추진의 필요성에 대한 문제제기와 함께 어떻게 접근해야 하는지에 대한 저자의 생각을 설득력있게 정리하고 있습니다. 이것만으로도 본서를 집어들 의의는 있다고 생각하지만, 한국 독자를에게 좀 더 의미있는 정보를 전달하기 위해 저자와의 질의문답한 내용을 정리했습니다. 회의는 2020년 9월 16일 줌(ZOOM) 회의를 통해 진행되었습니다. 주요한 내용은 아래와 같습니다.

Q1. 탈탄소가 중장기 트렌드라고 판단할 수 있는 결정적인 이유는 무엇인가요?

A1 : 결정적인 이유는 일본을 포함해서 선진국 각국이 공식적인 입장을 표명하고 있다는 점입니다. 이에 더해 글로벌 금융기관도 동참하여 실제로 대규모 자본이 움직이고 있다는 것입니다. 최근 들어, 탈탄소를 포함하고 있는 ESG 에 대한 관심이 줄어드는 경향이 있는 것은 탈탄소에 대한 관심이 낮아지는 것이라기 보다는 세계경제 자체가 불황으로 접어들고 있기 때문입니다. 그럼에도 불구하고, 일본에서는 최근 새로운 환경 펀드가 설립되고, SDGs 등을 키워드로 자금을 모으려는 기업의 니즈는 높은 상태입니다.

Q2. 탈탄소에 대응하기 위한 국가의 역할은 무엇일까요?

A2 : 기업이 탈탄소를 적극 추진하기 위해서는 중장기 시점의 투자가 필요하게 됩니다. 이러한 투자 결정을 할 수 있도록 지원하는 것이 정부의 진정한 역할이라고 생각합니다. 일본에는「国策に売りなし」(국가의 정책과 관련된 업종 및 분야가 성장할 가능성이 높다)라는 말이 있을 정

도로, 국가의 정책을 감안하여 사업을 벌이는 것이 가장 안전하다는 인식이 있습니다.

(정부 정책에 대한 신뢰도는 단임제 대통령제와 의원내각제라는 정치제도와도 관련이 있지 않을까요라는 질문에 대해)

상대적으로 일본은 관료가 정책을 담당하고 있는 측면이 강해 총리가 교체된다고 해도 정책 자체는 연속성을 가질 가능성이 높습니다. 이는 일본과 한국의 차이점이라고 볼 수도 있습니다. 일본의 대기업은 특히 국가의 정책에 대해 신뢰도로 높다고 생각합니다.

하지만, 임기가 정해진 대통령제 국가라고 해서 전세계가 탈탄소로 달려가고 있는 상황에서 대통령 개인이 임의대로 탈탄소 정책을 무리하게 추진하거나 무조건 반대하는 것은 쉽지 않다고 생각합니다. 대통령이 바뀌어 탈탄소 정책이 크게 변화한다면 기업들은 큰 혼란에 빠질 수 있습니다. 다만, 탈탄소 추진은 매우 큰 충격을 줄 수 있는 전환이기 때문에 잘 적응하지 못하는 사람(부문)들이 있을 수 있다는 점은 고려해야 합니다.

Q3. 탈탄소 트랜드에 대응하기 위해 기업이 가장 먼저 해야 할 일은 무엇일까요?

A3 : 기업이 탈탄소 추진을 위해 가장 먼저 해야 할 일은 자신들의 CO_2 배출량을 정확하게 확인하는 것입니다. 다이어트를 하려면 본인의 체중을 먼저 확인해야 하는 것처럼, 어디에서 얼마나 CO_2가 배출되고 있는지를 확인해야 합니다. 그렇지 않으면 어느 정도의 CO_2를 감축해야 하는지를 알 수 없기 때문입니다.

이와 관련, CO_2 배출량의 가시화(可視化)를 지원하는 클라우드서비스를 제공하는 어스제로(https://earthene.com/asuzero)나제로보드(https://zeroboard.jp)와 같은 회사가 많이 등장하고 있습니다. 이러한 회사 중에서는 최근 대규모 투자를 받아 사업을 적극적으로 추진하는 사례도 있습니다. 한국에서도 탈탄소 추진이 본격화되면 유사한 서비스를 제공하는 벤처기업이 많이 생겨나지 않을까 생각합니다.

CO_2 배출량 관련 데이터의 「가시화」와 관련하여, Scope3 범위의 CO_2 배출량 파악이 이슈가 되는데, 앞서 언급한 벤처기업들이 각 항목을 어떤식으로 수집해서

입력해야 하는 지를 컨설팅해 주고 있습니다.

특히, 중소기업은 자사 내 전문인력이 충분하지 않는 경우가 많기 때문에 크라우드서비스를 제공하는 회사를 이용하여 가시화를 시작하는 것이 효율적이라고 생각합니다.

(가시화의 다음 단계에서는 무엇을 해야 할까요라는 질문에 대해) 가시화의 다음 단계는 가시화된 데이터에 기반하여 에너지효율화를 실행하거나 다른 에너지원으로 전환하는 방법을 추진해야 합니다. 즉, 전력원을 재생에너지로 전환하여 CO_2 Free의 전기를 사용하는 것입니다.

이를 통해서도 해결하지 못한 부분은 J-크레딧을 구입하여 배출량을 상쇄(offset) 합니다. 이 단계부터는 각 기업의 개별적인 접근법을 통해 개선해 나가야 한다고 생각합니다.

J-크레딧은 에너지효율화 설비 도입 및 재생에너지 이용에 의한 CO_2 등의 배출감축량 및 적절한 산림관리에 의한 CO_2 등의 흡수량을 「크레딧」으로 국가가 인증

Q4. 일본에서 탈탄소 측면에서 가장 잘 대응하고 있는 기업의 사례를 소개해 주실 수 있으신지요.

A4 : 당사인 RAUL(Eda씨가 운영하고 있는 회사)의 고객사 중에 업무용 빌딩을 수백 채 소유하고 있는 이치고(https://www.ichigo.gr.jp/esg/initiatives/RE100.html)라는 부동산펀드회사가 있습니다. 부동산 운영회사도 소유 중인 빌딩이 전기를 다량 사용하고 있기 때문에 탈탄소 측면의 대응이 필요합니다. RAUL과의 컨설팅 후에 다음과 같은 순서로 탈탄소를 추진했습니다.

① 빌딩에서 사용하는 에너지의 가시화
② 사용 중 에너지의 감축방안 마련 및 실행
③ 수행 비즈니스에 도움을 줄 수 있는 전력회사를 소개하고, 사용 에너지를 재생에너지 유래의 전력으로 전환 사용

이러한 작업 후에는 임차인은 임대인에게 제로이미션의 빌딩을 대여할 수 있게 됩니다. 빌딩 자체의 자산가치를 상승시키는 것과 동시에 제로이미션을 통한 RE100 선언도 가능합니다.

에너지사용 감축 계획서를 금융기관에 제출하면 이를

근거로 저금리로 돈을 빌릴 수 있게 됩니다. 이를 사업자본으로 활용하여 사업을 보다 적극적으로 추진할 수 있게 됩니다.

물론 재생에너지로 만든 전기는 통상의 전기보다는 비싼 경우가 많습니다. 그렇기 때문에 먼저 제대로 된 다이어트를 통해 감축한 다음 재생에너지로 만든 전기를 사용해야 합니다. 전체적으로 보면 비용은 이전보다 낮아지게 됩니다.

재생에너지로 만든 전기를 사용함으로써 빌딩 자체의 자산가치가 상승하고 빌딩에 입주하는 기업에게도 보다 높은 가격으로 대여가 가능해집니다. 게다가 이를 대외적으로 적극 홍보함으로써 주가 상승 가능성도 있다고 생각합니다.

Q5. 본문에서도 언급한 부분입니다만, 탈탄소를 둘러싼 국제적 주도권 경쟁은 향후 어떻게 전개될까요?

A5 : 탈탄소를 둘러싼 국제적 주도권 경쟁은 향후 어떻게 전개될까요?

러시아-우크라이나 전쟁도 있고, 상황은 앞으로도 상당히 변화해 나갈 것으로 생각합니다. 탈탄소와 직접적인 관련이라기보다는 필요한 에너지를 각국이 어떻게 확보할 것인가라는 논의가 향후 수년간은 이어질 것입니다.

그 위에 타국에 의지하여 에너지안보가 영향받는 상황에 대한 경계감이 보다 강화될 것으로 생각합니다. 그렇게 되면 국가별로 다르겠지만 자국 내에서 어떻게든 에너지를 충당해 나가는 방법을 강구하게 될 것입니다.

이와 관련, 국제적인 상황에 영향받지 않고, 한국과 일본은 탈탄소분야에서 협력가능성을 떠나 과감하게 추진해 나가야 한다고 생각합니다. 한국도 일본도 아시아지역으로 확장이 가능한 삼성, 도요타, 파나소닉 같은 훌륭한 기업을 보유하고 있습니다. 협력해서 아시아지역의 탈탄소를 추진해 나가야 합니다. 이는 유럽 국가 및 미국이 협력해서 추진하는 것보다는 유리한 측면이 많다고 생각합니다.

보론

탈탄소 사회 실현을 위한 기술
− 무탄소전기, 수소 그리고 효율화 (김 동준 저)

    탈탄소의 새로운 바람에 대한 에다 씨의 다양한 경험, 그리고 사례를 통한 식견 있는 설명에 찬사를 드립니다. 저도 연구소, 벤처창업, 에너지경영혁신컨설팅, 현재 기업에서 재생에너지사업 등의 경험이 있어 저자 글과 지향하는 바에 큰 울림을 받았습니다.
    특히 5장의 「바람을 타고 날개를 펴다」를 보면서 제 컨설팅 경험과 공감되는 부분이 있어서 뒤에 소개하려고 합니다.

- 양바퀴로 탈탄소 모델과 탈탄소 전략을 선제적으로 대응하여 미래를 준비한 S공업
- 전사적 참여를 통한 효과적인 에너지경형혁신을 추진한 제지회사
- 공급망 파트너십을 활용해서 대표차종 탄소발자국 체계구축 사업을 추진한 자동차회사

저는 2002년 여수와 울산 산업단지의 석유화학 분야를 중심으로 에너지경영혁신과 공정효율개선 컨설팅을 시작하였습니다. 20년전 이긴 하지만 당시에도 온실가스 저감, 저탄소 등의 용어는 컨설팅 주제로 흔치않게 선정되었습니다. 하지만 핵심 주제는 에너지절감, 원가절감, 원단위 감소 등이 차지 했고, 탄소나 기후변화 문제는 후 순위였습니다. 그러나 지금은 기후변화가 아닌 기후위기, 저탄소를 넘어 탄소중립/탈탄소를 전 지구적으로 논의하고 협력하고 연대하고 있는 상황입니다.

20년만에 이런 변화는 어떻게 가능했을까요? 기후위기와 재난에 대한 점점 더 분명한 증거와 다양한 경고, 예측 가능하고 지속 가능한 경제체계를 바라는 자본의 이동, 탈탄소 사회 실

현이 가능하게 하는 지식의 집약과 기술의 출현, 생태순환적인 삶의 방식에 대한 이해와 법제도의 채택 등이 이를 가능하게 했다고 생각합니다. 이제 이 새로운 바람에 힘 입어, 우리는 탈탄소 사회로 변화하고 이동하면 되는 걸까요? 그러면 우리는 새로운 사회와 시대로 안착하게 될까요? IPCC 6차보고서(2021년)는 우리가 기후재난을 극복할 시간이 촉박하며 매우 늦었다고 경고하고 있습니다. 우리는 힘을 모아야 하고, 도전적인 온실가스 배출량 저감 목표를 달성해야하고, 신규화석연료 투자의 억제, 건강한 생태계의 복원을 위한 우리 모두의 행동 변화를 제안하고 있습니다.

우리 모두에게 필요한 이런 노력의 일환으로 2021년에 정부는 탄소중립 10대 핵심기술에 대한 2050년까지의 목표와 확보전략을 제시하였습니다. 저도 총괄위원회 내 기업을 대표하는 자문위원과 건물효율부문 전문위원으로 참여하여 국가적으로 의미 있는 결과물을 산출하는데 기여하였습니다. 10대 핵심기술로 ①**태양광 및 풍력,** ②**바이오에너지,** ③**수소,** ④**철강·시멘트,** ⑤**석유화학,** ⑥**산업공정 고도화,** ⑦**수송 효율,** ⑧**건물 효율,** ⑨**디지털화,** ⑩**CCUS** 를 선정했습니다. 크게 보면 재생에너지, 산업공정/건물/수송 효율화, CCUS, 디지털화로 분류할 수 있습니다.

 탄소중립을 실현하기 위한 10대 기술의 구성을 탈탄소 관점에서 공급, 수요, 효율화 영역으로 범주화 해서 살펴보면 다음과 같습니다.

 먼저 공급측면입니다. 태양광, 풍력, 바이오에너지 등 재생에너지로 에너지전환을 하여 무탄소 발전을 실현하고, 에너지 시스템을 전기화해야 무탄소 전기를 확보하게 됩니다. 재생에너지의 간헐성과 입지적 한계 등은 무탄소 연료인 수소나 암모니아로 전환하여 저장함으로써 공급의 안정성을 확보할 수 있습니다. 무탄소 수소나 암모니아를 경제적으로 생산할 수 있는 지역에서 확보해, 전세계적으로 재생에너지 무역을 도모한다면 수소나 암모니아를 기반으로 하는 수소 경제 사회 실현도 가능할 것입니다.
 다음은 수요측면 입니다. 화학, 철강, 시멘트 등 탄소배출이 많은 산업분야에 무탄소 연료와 무탄소 전기를 공급하고, 공정의 무탄소화를 실현하여 탄소중립을 이루는 것입니다. 산업분야에서 어쩔수 없이 최종적으로 배출되는 탄소는 CCUS 기술을 적용하여 포집해서 저장해야 합니다.

마지막으로 효율화 분야 입니다. 산업분야, 건물, 수송 모든 분야에서 손실을 줄이고 고효율로 에너지를 사용해서 수요를 줄이는 것입니다. 수송분야에서는 바이오 기반 연료 사용이 확대되어야 할 것입니다. 이와 함께 모든 영역에서 우리가 사용하는 모든 폐기물을 순환시켜 활용하는 자원순환을 이루어야 할 것입니다. 이것은 마치 재생에너지어 기반한 무탄소전기 에너지시스템의 전기화 및 탈탄소 전기가 중심이 된 에너지인프라통합이 우리의 생활 용품에 적용된 것과 유사합니다. (무탄소 재료에 기반한 제품과 폐기물의 순환율 향상 및 무탄소 사회 실현)

요약하자면 탄소중립실현을 위해서는 다양한 재생에너지를 기반으로 하는 무탄소전기의 확보가 필요합니다. 재생에너지가 가진 한계는 수소가 에너지원과 무탄소원료로서 보완할 것입니다. 모든 영역에서 효율화와 자원재활용은 우리 삶의 필수적인 양식이 되어야 할 것입니다. 무탄소 전기와 수소의 역할에 대해 좀 더 설명을 하고, 우리나라에서 탄소배출이 가장 많은 영역인 산업분야에서 효율적인 공정운영을 위한 실질적 지침을 살펴보도록 하겠습니다.

먼저 탄소중립실현을 위한 핵심기술을 무탄소 전기, 수소의 역할, 효율화를 중심으로 좀 더 살펴보겠습니다.

무탄소 전기와 에너지시스템의 전기화

탄소중립을 위한 최종 에너지 믹스를 살펴보면 2050년도를 기준해서 우리가 사용하는 최종 에너지의 50% 이상이 전기화로 구성될 것입니다. 여기서 핵심은 전기화로 향하는 미래의 전기는 무탄소 전기로 실현되어야 탈탄소가 가능하다는 것입니다. 결국 무탄소 전기의 80% 이상은 재생에너지에 기반한 태양광 풍력 등으로 만들어져야 합니다. 석탄이나 천연가스가 사용되더라도 석탄과 천연가스 연소 과정에서 발생하는 이산화탄소를 포집하는 설비를 설치해야 합니다.

지금은 재생 전력 비중이 폭발적으로 증가하는 글로벌 에너지전환의 시대입니다. 스페인은 2020년도에 전체 사용하는 에너지의 45%가 재생에너지에 기반한 전기이고, 영국은 45% 이상이고, 독일은 46% 재생에너지가 생산하는 전기입니다. 우리나라는 2020년에 약 7%의 재생 전기가 사용되었는데, 이는 OECD 국가 중에 최하위입니다.

에너지인프라는 무탄소전기를 중심으로 무탄소전기가 가스, 열, EV로 유연하게 변환가능한 통합 인프라 체계가 갖추어져야 탈탄소 사회 실현이 가능해질 것입니다. 전력망, 가스 배관망, 열공급망의 유연한 연계가 실현되어야 할 것입니다. Power to Gas, Power to Heat, Power to Mobility 형태로 유연하게 변환되고 연계되어야 할 것입니다. 우리는 이것을 총칭해서 Power to X로 지칭합니다.

전력 계통도 탈탄소 사회 실현이 가능한 분산형 에너지시스템에 적합한 형태로 변화할 것입니다. 현재는 대규모 화력 또는 원자력 발전소에서 전기를 생산해서 장거리 송전하여 수요처에 공급하는 형태로 구성되어 있습니다. 우리나라의 경우 화력 발전소는 서해안에 보령이나 남해안이나 동해안에 위치해 있고, 원자력 발전소도 서남해안의 영광이나 울산, 고리, 울진에 위치해 있습니다. 결국 전기를 많이 소비하는 서울 경기 지역 또는 대도시권으로 장거리 송전을 하게 됩니다. 그러나 미래의 전력 계통은 중앙 집중형보다는 재생에너지 기반의 분산 발전형으로 설치 운영될 것입니다.

무탄소 전기를 생산하고, 이를 모든 에너지 시스템에 공급하는 에너지시스템의 무탄소 전기화로 가려면, 수송 부문의 내연기관 차를 전기차나 수소연료전지차로 바꿔야 됩니다. 또한 산업 부문에 공급하기 위한 열 생산도 전기보일러/전기히터/히트 펌프 등이 확산되어 전기화해야 하고, 건물의 냉난방 시설을 모두 전기화해야 됩니다.

그린/블루수소의 부상

　태양광, 풍력, 지열, 수력 등 재생에너지가 가지고 있는 한계는 수소가 에너지원과 무탄소 원료로서 보완할 것입니다. 태양광이나 바람의 질이 좋은 지역 그리고 수력 자원이 풍부한 지역에서 생산된 전기를 장거리 송전하거나 ESS 형태로 저장하여 사용하는 데는 한계가 있습니다. 재새에너지 자원이 풍족한 지역에서 전기를 생산해 수소를 확보한 다음, 액체 수소 형태 또는 암모니아로 전환해 가져오는 비즈니스가 가능할 것입니다. 현재 LNG를 선박이 운송하는 것처럼 재생에너지 무역의 에너지 캐리어로서 수소나 암모니아가 사용될 것입니다.

- 그린수소 : 재생에너지 전력을 이용한 수전해를 통해 생산된 수소
- 블루수소 : 그레이수소에서 일정 수준 이상의 탄소가 포집된 형태의 수소
- 그레이수소 : 천연가스 또는 석탄을 공급원료로 사용하여 생산된 수소

그린수소 생산이 유리한 지역 : 사우디아라비아, 호주, 칠레, 포르투갈, 모로코, 알제리등.

블루수소 생산이 유리한 지역 : 러시아, 이란, 카타르, 사우디아라비아, 투르크메니스탄, UAE, 베네수엘라등.

우리나라에서 탄소배출이 가장 많은 영역인 산업분야의 효율적인 공정운영을 위한 실질적 지침을 살펴보도록 하겠습니다. 하기 내용은 과거 환경부과제로 참여한 '저탄소 경제구축을 위한 탄소경영 방법론 개발 및 적용'과제중 제가 작성한 저탄소공정운영 가이드라인 개발 내용을 중심으로 설명합니다.

산업분야의 에너지효율 향상을 위한 효율적인 공정관리를 위하여

제조공정을 구성하는 기본 요소를 사람(Man), 설비(Machine), 재료(Material), 공법(Method)으로 정의한다면, 이 4가지 요소 모두 공정의 저탄소 실현에 영향을 미치게 됩니다. 자동차 도장공정의 예를 든다면, 도료의 종류(Material), 공정구성(Method), 열원공급설비의 연소효율(Machine), 설비관리 수준(Man) 모두 공정의 탄소 발생량에 영향을 미치게 됩니다. 재료(Material), 공법(Method)에 의한 공정의 저탄소 실현은 너무 광범위하고 전문영역을 요구하므로, 이번 설명에는 논외로 하고, 사람과 설비의 범주 내에서 공정관리(Process Management)와 설비 운영(Machine Operation)에 의한 공정의 저탄소 실현을 설명 드리겠습니다. 저탄소공정운영 체계는 크게 다음과 같이 3영역으로 구성됩니다. 공정관리(Process Management)는 제일 상위의 개념으로 대상영역으로 설정된 공정전체의 운영, 관리, 평가기준에 대한 내용을 포함합니다. 설비운영(Machine Operation)은 공정을 구성하는 다양한 생산설비 및 개별 설비의 공통된 운영 지침에 관한 내용입니다. 효율분석(Efficiency Analysis)은 효율개선을 목적으로, 구체적인 개별 설비의 효율을 분석하는 데 필요한 물리항목과 분석방법에 대한 내용을 포함합니다.

- 공정관리(Process Management)
- 설비운영(Machine Operation)
- 효율분석(Efficiency Analysis)

공정관리(Process Management)는 탄소가 어디서 얼마나 배출되지는지를 파악하기 위해 공정탄소 배출 내역을 작성하고, 공정 에너지·탄소·제품 흐름도를 작성합니다. 그 다음 탄소

저감의 평가를 위한 지표체계를 수립하고 개선의 성격과 효과를 평가하는 기준배출량을 설정한 뒤 기존의 혁신 활동과 연계하여 조화를 이루는 활동으로 구성됩니다.

공정 탄소 배출내역 작성은 대상 공정에서 발생되는 온실가스에 대한 집계를 하는 것입니다. 즉 공정에서 탄소가 얼마나 어디서 배출되는지를 파악하는 활동입니다. 탄소 저감을 위한 공정관리는 공정 탄소 배출내역 작성으로부터 시작되며, 대상 공정의 온실가스 종류, 발생량, 영역을 산출하는 가장 기본적인 활동입니다. 대상이 되는 온실가스산출은 기본적으로 6종류로 구성되며, 이산화탄소(CO_2), 메탄(CH_4), 아산화질소(N_2O), 수소불화탄소(HFCs), 과불화탄소(PFCs), 육불화황(SF_6)로 정의됩니다. 모든 온실가스는 이산화탄소 등가 단위(CO_2e)로 환산하여 산출합니다.

공정 흐름도 (에너지, 탄소, 제품)는 공정에 유입·분배·사용·재사용 되는 에너지·탄소·제품에 대한 전체적인 흐름을 관리하기 위한 시각적 도구입니다. 공정 탄소 배출내역 작성의 다음 단계는 산출된 공정 온실가스 배출내역을 발전시켜 공정내의 에너지, 탄소, 제품의 흐름도를 작성하는 것입니다. 이 단계에서는 영역별 탄소 발생의 흐름과 양이 시각화되고, 제품 생산과정을 구성하는 세부 공정과 탄소 발생량의 관계를 명확히 하게 됩니다. 공정 흐름도는 공정내의 에너지 흐름도(Energy Flow Map), 탄소 흐름도(Carbon Flow Map), 제품 공정도(Product Process Map)로 구분됩니다.

지표(Indicator) 체계는 공정의 탄소 발생량, 변화, 개선의 정도를 평가하는 단위로 공정 특성, 제품 특성, 수립 목적, 기초 데이터의 신뢰 수준 등 고려하여 체계를 수립하게 됩니다. 지표 체계는 경제가치 기준, 물리량 기준, 총량기준, 원단위 기준 등의 영역으로 구분합니다. 경제가치 기준의 지표는 경영층의 의사결정에 효과적으로 사용될 수 있으며, 물리량 기준은 설비관리와 설비 효율 향상에 직접적으로 사용될 수 있습니다. 총량 기반의 지표는 기업의 탄소 배출량 평가, 기준년도 배출량 선정, 저감량 산정 등에 직접적으로 필요합니다. 원단위 기반 지표는 세부 공정단위 평가, 설비 단위 탄소 평가 등에 탄소배출계수라는 표준화된 지표로 효과적으로 활용될 수 있습니다. 또한 더 발전된 제품단위의 탄소발자국 산출과 탄소 성적표지 시 제조단계의 탄소원단위 산출에 유용하게 사용될 수 있습니다.

기준배출량(Baseline) 설정은 대상 공정의 온실가스 배출기준을 설정하는 단계로 기업 탄소저감 장기전략, 공정 탄소배출량 평가, 탄소 저감 목표 달성 여부, 탄소 감축량 평가의 기준이 됩니다. 기준배출량설정은 탄소 저감 활동의 복원과 개선을 구분할 수 있는 기준을 제공하기도 합니다. 복원과 개선의 분리는 정상상태라고 규정할 수 있는 기준이 있을 때 가능한데, 복원과 개선의 구분은 설비의 탄소저감 효과를 거품 없이 파악하는 매우 중요한 개념입니다.

　혁신활동과의 연계는 기업이 전사적이든 부분적이든 다양한 혁신활동을 하고 있다는 전제하에, 현재 전개되고 있는 혁신 활동과 유기적으로 결합할 수 있는 저탄소 공정관리의 착안점을 도출하자는 의도입니다. 탈탄소 실현을 위한 공정관리(Process Management) 역시, 기업의 기존 경영혁신 활동과 조화를 이루며, 일관성을 유지할 때 실질적인 효과를 이룰 수 있다고 판단합니다. 혁신 활동과의 연계에서는 식스시그마, TPS, TOP, TPM 등 기업고유의 특성과 장단점을 고려하여 추진하면 효율적일 것입니다. 예를 들어 TPM(Total Plant Management) 경영혁신 활동이 강점인 기업이라면 자주보전과 저탄소 공정관리를 개념적으로 연계하여 현장운영자를 위한 혁신 활동 프로그램을 추진한다든가, 계획보전과 연계해서 공무부서의 에너지효율분석 방법론 교육을 도입한다면 효율적일 것 입니다. 지금까지 언급된 저탄소 공정 관리(Process Management)는 다음과 같이 5개의 영역으로 요약할 수 있습니다.

- 공정 탄소 배출내역
- 공정 흐름도(에너지, 탄소, 공정)
- 지표체계
- 기준배출량 설정
- 혁신 활동과의 연계

설비운영(Machine Operation)은 공정을 구성하는 다양한 생산설비 및 개별 설비의 공통된 운영 지침에 관한 내용입니다. 공정을 구성하는 설비는 표준화 할 수 있는 개별 설비(예 : 전동기, 감속기, 펌프 등)도 있지만, 개별 설비와 장치들이 복합적으로 구성된 복합 시스템으로도 구성됩니다. 또한 생산설비의 경우도 동일한 명칭으로 구분된다 할지라도, 매우 복잡하고 다양한 구성을 하게 됩니다. 이것은 공정을 구성하는 설비의 저탄소 설비운영(Machine Operation)에 대한 공통된 기준을 수립하는 것이 불가능하거나, 매우 어려운 문제라는 것을 의미합니다. 하지만 원칙적인 차원에서 설비운영의 가장 기본(Basic)적인 사항을 다음과 같이 4개의 영역으로 요약할 수 있습니다.

예방(Prevention) 체계 수립은 설비의 전과정 (Life Cycle)을 고려한 탄소저감에 대한 운영을 의미합니다. 즉 설비의 도입, 시운전, 운영, 보전, 변경, 재사용, 폐기 등 전 과정의 관점에서 에너지손실 예방을 통한 탄소 저감 관리를 시행하는 것을 의미합니다.

설비 균형(Balance) 관리는 설비의 효율에 가장 큰 영향을 미치는 인자가 가동률 또는 부하율이라는 사실에 기반한 설비 운영 원칙입니다. 공정 설비의 공급측과 사용측의 균형 운영, 설계 정격과 실제 운전 용량의 균형 운영이 그 핵심을 이루는 내용입니다. 설비의 효율은 설계 효율과 함께 운영효율이 매우 중요한 영역을 차지하는데, 운영 효율을 높게 유지하는 가장 좋은 방법은 설비운영의 공급측과 수요측 균형, 적정 부하율 관리를 하는 것입니다.

에너지 품질(Quality) 관리는 설비에 공급되는 전력, 증기, 용수 등의 에너지의 품질(Quality)을 높여서 설비운영의 효율을 향상시키는 방법론 입니다. 설비 운영의 수준을 높여서 저탄소 운영을 실현하는 것과 함께 에너지의 품질을 높이는 것도 설비의 효율을 향상시켜서, 설비의 저탄소 운영을 실현할 수 있는 효과적인 방법입니다. 전력의 경우는 안정적인 주파수, 고조파, THD, 전압 불평형율 등이 전력품질의 대표적인 예이고, 증기의 경우는 건도를 품질의 대표적인 예라고 할 수 있습니다.

복합설비의 효율 성능 평가 방법은 효율분석이 단순하게 이루어질 수 없는 다양한 설비로 구성되는 복합 설비의 효율분석 방법에 대한 내용을 포함합니다. 설비의 에너지 효율은 입력에너지와 출력에너지 또는 성능이라 정의할 수 있는 항목(예:냉동기의 COP)을 기준으로 분석할 수 있습니다. 그러나 대부분의 공정 설비는 단독으로 존재하는 경우는 드물고, 매우 다양하고 복잡하게 집합체를 이루고 있어서 효율분석에 많은 제약조건이 존재합니다. 복합설비의 효율 성능 평가방법은 효율을 절대평가 할 수 있는 기준이 없거나, 설비의 구성이 복잡해서 단순하게 효율을 산출해 낼 수 없거나, 비교 대상이 되는 설비의 구성이 서로 달라서 효율 비교의 기준이 명확하지 않을 때 에너지 효율평가를 어떻게 할 수 있을 것인가로 요약되는 현실적 어려움에 대한 지침을 내용으로 합니다. 지금까지 언급된 설비 저탄소 설비 운영(Machine Operation)은 다음과 같이 4개의 영역으로 요약할 수 있습니다.

- 예방(Prevention) 체계 수립
- 설비 균형(Balance) 관리
- 에너지 품질(Quality) 관리
- 복합설비의 효율 성능 평가

효율분석(Efficiency Analysis)은 구체적인 탄소저감 대상 선정부터 탄소 저감 과제 도출의 전체적인 과정을 단계별로 제시합니다. 크게 탄소저감 대상 정의 및 사전 준비(영역1), 측정 및 분석(영역2), 탄소 저감 과제 도출 및 실행(영역3) 등 3개의 영역으로 구성됩니다.

영역1인 탄소저감 대상 정의 및 사전 준비는 탄소 저감 대상을 정의하고, 측정 및 분석에 대한 사전 준비를 실행하는 영역입니다. 영역1은 에너지 및 탄소 프로세스를 정의하고, 대상 설비 및 공정을 선정하고, 대상 설비 및 공정에 대한 조사를 포함합니다.

1단계 에너지 및 탄소 프로세스 정의는 에너지 및 탄소 흐름의 전체를 파악하여, 효과적이고 실현가능한 탄소 저감 대상 설비와 공정을 선정하기 위한 기초단계입니다. 공정별, 설비별 에너지원에 대한 현황 조사와 흐름(Flow)을 파악하는 것을 내용으로 합니다. 에너지원에는 전력, 연료, 증기, 냉수, 온수, 용수, 냉매, 공조공기, 압축공기 등이 있으며, 탄소의 흐름은 탄소를 발생시키는 에너지 흐름에 탄소를 발생시키는 비에너지 물질(냉매, 변압기 절연가스, 이산화탄소 용접가스 등)의 흐름을 추가해서 작성합니다.

2단계 설비 및 공정 선정은 에너지 및 탄소 흐름의 전체적인 파악이라는 선행 활동에 기초해서, 탄소 저감의 대상 설비 및 공정을 선정하는 단계입니다. 선정의 기준이 될 수 있는 항목은 정격용량, 고장의 빈도, 설비의 중요도, 탄소 배출 비중, 품질에 미치는 영향, 예측되는 개선 테마의 형태, 개선시 설비 전체에 미치는 균형, 효과 검증의 현실성 여부 등이 될 수 있습니다.

3단계 설비 및 공정 조사는 선정된 설비 및 공정에 대한 구성 및 구조, Spec, 운전방법, 설비이력, 효율분석을 위한 물리적 항목 수립, 데이터 취득이 가능한 자원과 항목 파악, 현장 측정 항목 수립, 현장 측정 포인트 선정, 최종 데이터 취합 시 데이터의 동시성 고려, 측정도구 선정 및 준비, 생산 품질 고려 등에 대한 조사와 분석을 포함합니다. 이 단계에서는 설비에 대한 설비관리부서가 중심이 된 조사와 함께, 생산부서의 지원이 필요합니다. 이유는 설비 및 공정의 측정 단계에서의 생산 현장 제약 조건에 대한 생산 부서의 의견 수렴이라는 단기적 고려와 함께, 향후 탄소저감 과제 도출과 효과 검증 시 생산부서의 참여라는 장기적 고려 때문입니다. 제조현장은 생산부서가 주관하는 제품 품질에 대한 안정성 확보 없이는 에너지 절감이나 탄소 저감 활동이 효과적으로 실행되고 검증될 수 없기 때문입니다.

영역2 에서는 설비 및 공정에 대한 현장 실사와 직접적인 현장 측정을 하고, 선행 단계에서 이루어진 모든 정보와 취득 데이터를 바탕으로 설비 및 공정의 효율을 분석합니다.

4단계 현장 측정은 설비 및 공정에 대한 현장 실사와 직접적인 현장 측정에 대한 실행이 이루어지는 단계입니다. 먼저 3단계에서 결정된 설비 Spec., 데이터 취득이 가능한 자원과 항목, 설비 운전 현황, 생산조건에 고려, 측정 항목과 측정 포인트를 현장에서 확인합니다. 효율분석에 필요한 다양한 데이터의 동시성 및 생산계획 등을 고려하여 측정항목, 측정시간, 측정 포인트, 측정순서, 측정도구, 측정인력, 측정에 의하지 않는 데이터 취득방법과 항목 등을 최종결정을 하게 됩니다. 다음으로 현장 측정을 실행한 후, 측정 데이터의 산포와 품질을 확인하고 필요한 부분에 대한 재측정을 실시합니다. 최종적으로 현장 측정으로 얻어진 데이터와 분산제어시스템, 현장의 제어실, 설비 게이지, 점검시트 등에서 얻어진 다양한 데이터를 최종 취합합니다.

5단계 측정 데이터 분석에서는 선행 단계에서 이루어진 모든 정보와 취득 데이터를 기초로 설비 및 공정의 효율을 분석합니다. 주요 분석의 내용은 설비 부하율, 설비 효율, 공급측과 사용측의 균형, 누설 및 손실 요소, 열원의 대기 배출, 설비 대기 상태의 손실 에너지, 공회전 손실, 공급 에너지의 품질, 설비 운전 및 관리의 불합리점, 생산량과 탄소발생 총량 상관관계, 생산량과 탄소원단위 상관관계, 설비 및 공정의 고정 탄소 발생량, 탄소발생 변동분의 경향 등입니다.

영역3은 탄소 개선 과제를 도출하고, 탄소 복원 과제를 도출하며, 탄소 저감 효과를 분석하고, 탄소 저감 개선안의 실행 및 검증을 포함합니다.

6단계 탄소 개선 과제 도출에서는 탄소 저감을 위한 설비개선(투자) 테마 도출과 효과파악을 실행합니다. 탄소 개선 과제에 대한 기초 데이터는 1단계~5단계까지의 활동 내용과 5단계에서 도출된 분석 내용을 토대로 합니다. 탄소 개선 과제 도출을 위해선 설비관리 부서, 혁신부서, 의사결정권자, 생산부서의 참여가 필수적입니다. 생산부서의 참여는 매우 중요한 의미를 갖는데, 탄소 저감을 위한 개선과제 실행 시 제품 품질에 미치는 영향에 대한 의견 제시와 향후 생산조건 변화에 따른 효과 검증에 대한 장기적 전망을 할 수 있기 때문입니다. 이 단계에서는 효과 검증 방법, 실행 담당자, 책임자, 지원인력, 향후 일정에 대한 구체적 의사결정을 하는 것이 바람직합니다. 의사결정을 미루고 나서 나중에 다시 논의 될 때는 1단계~6단계에 대한 구성간의 협의와 공감을 다시 해야 하는 손실이 발생하게 됩니다. 그러므로 의사결정자의 참여가 필수적입니다.

7단계 탄소 복원 과제 도출에서는 탄소 저감을 위한 복원과제를 도출하게 됩니다. 6단계와 7단계는 동시에 진행될 수 있는 성격을 갖고 있으며, 6단계의 탄소 개선 과제와 7단계의 탄소 복원과제의 차이점은 개선이냐 복원이냐의 관점에서 분리될 수 있습니다. 개선(Improvement, 改善)은 정상적인 상태의 설비를 더 높은 수준이나 효율로 향상시키는 활동을 의미하며, 복원(Restoration, 復元)은 정상적인 상태보다 낮게 운전되고 있는 열화가 진행된 설비의 관리 수준이나 효율을 정상적인 상태로 회복시키는 것을 의미합니다. 그러므로 복원과 개선은 정상상태라고 규정할 수 있는 기준이 있을 때 가능하고, 복원과 개선의 구분은 설비의 탄소저감 효과를 거품 없이 파악하는 매우 중요한 개념입니다. 예를 들어서 누설되는 증기의 배관을 보전하는 것이 복원이고, 증기의 건도를 향상시키기 위한 설비 관리는 개선이라고 할 수 있습니다.

8단계 탄소 저감 효과 분석에서는 탄소 저감 과제와 탄소 복원 과제의 효과를 분석하게 됩니다. 효과분석은 금액 기준 방식, 열량 기준 방식, 탄소 기준 방식이 있습니다. 금액 기준 방식은 효과 금액, 투자 금액, 기업투자 회수기준을 바탕으로 효과산출을 해서 투자 결정을 하는 방식입니다. 이 방식의 장점은 기업의 투자 의사 결정을 쉽게 할 수 있는 명확한 기준을 제공한다는 점이지만, 효과 금액이 국제 유가 동향, 전력단가, 환율 등 외부변동 요인에 의해서 가변적이라는 단점이 있습니다. 열량 기준 방식은 에너지의 단위인 열량을 바탕으로 개선 효과를 산출하는 것입니다. 다음으로 탄소 기준 방식은 개선 효과를 모두 탄소로 환산하여 산정하는 방식이다. 각기 방식의 장단점이 있지만 세 가지 모든 방식으로 효과를 산출하고, 탄소 저감에 의한 장기적 직간접적 효과를 기준으로 다른 효과를 포함시키는 것이 바람직하다고 생각 합니다. 이와 함께 개선과제의 열량 산정 방식을 위한 산출은 향후 국제 유가 동향, 전력단가, 환율의 변동을 대비해서, 잠재적인 개선과제로 장기적인 안목을 가지고 관리하는 것이 필요합니다.

9단계 개선안 실행 및 검증에서는 탄소 저감 과제의 개선안 실행과 검증을 하게 됩니다. 개선안의 실행은 향후 효과 검증을 위한 고려사항을 포함합니다. 예를 들어서 개선 실행 이전의 설비 및 공정의 운전 조건, 생산량을 포함한 생산 조건, 외기조건, 측정 데이터, 수율 등이 될 수 있습니다. 개선 효과의 검증은 개선전과 동일한 조건에서 동일한 방식으로 비교

하는 것이 바람직합니다. 개선 검증 시에는 부분 개선이 전체 개선과 반드시 동일하지는 않다는 전제를 가지고, 개선된 영역이 전체적인 공정의 균형에 미치는 영향까지도 고려해야 합니다. 검증을 위한 측정은 일정 시점의 측정과 함께 일정 기간 이상의 누적 측정이 바람직합니다. 지금까지 언급된 효율 분석(Efficiency Analysis)은 다음과 같이 9단계로 요약할 수 있습니다.

- **영역 1 – 탄소저감 대상 정의 및 사전 준비**
    - 1단계 : 에너지 및 탄소 프로세스 정의
    - 2단계 : 설비 및 공정 선정
    - 3단계 : 설비 및 공정 조사

- **영역2 – 측정 및 분석**
    - 4단계 : 현장 측정
    - 5단계 : 측정 데이터 분석

- **영역 3 – 탄소 저감 과제 도출 및 실행**
    - 6단계 : 탄소 저감 과제 도출
    - 7단계 : 손실 복원 과제 도출
    - 8단계 : 탄소 저감 효과 분석

- 9단계 : 개선안 실행 및 검증

양바퀴로 탈탄소 모델과 탈탄소 전략을 선제적으로 대응하여 미래를 준비한 S공업

에다 씨의 저서 5장 바람을타고 날개를 펴다 내용중 "탈탄소 모델과 탈탄소전략의 차이를 인식하다" 관련해서 제 컨설팅 경험과 공감되는 사례가 있어서 소개하려 합니다. 해당 기업은 울산에 본사가 있는 자동차 부품회사입니다. 주력 제품은 자동차 배기 시스템입니다. 배기가스를 정화하는 컨버터와 소음진동을 줄이는 머플러를 주로 생산하는 회사입니다. H자동차가 공급망 기업의 에너지와 탄소전략을 수립하고 효율화하는 사업을 하는데, 2008년부터 수년간 몇 단계에 걸쳐 컨설팅을 추진한 사례의 회사입니다. 에다 씨가 앞 5장에서 언급한 「탈탄소 모델」과 관련해서 당시 자동차부품회사의 주력제품(배기 시스템)에 대한 탄소발자국을 산출하고 원재료, 생산, 배송 단계에서의 탄소를 줄이는 혁신을 추진하였습니다. 또 다른 하나인「탈탄소 전략」관련해서는 미래의 전기자동차의 출현에 의한 배기시스템제품의 사업 축소를 대비하고 센서와 전장제품 등 새로운 사업기회를 준비하는 것이었습니다. 현재 해당 자동차부품회사는 수소 연료전지 자동차의 본격적인 상용화에 대비하여 핵심부품 기술력을 확보하고, 기존의 배기 시스템 기술에 전장 기술을 접목한 융복합 기술은 물론 지능형 스마트카 관련 기술 개발과 선도를 위한 전략을 추진하고 있습니다. 에다 씨가 지적한 양바퀴로 탈탄소 모델과 전략을 선제적으로 대응하여 미래를 준비한 훌륭한 사례로 평가할 수 있을 것 입니다.

아래 그림은 당시 배기제품에 대한 탄소발자국 산출과 개선을 위한 혁신 테마입니다. 당시 혁신 컨설팅 관련해서 제품 탄소저감을 위한 주요 테마는 다음과 같습니다.

〈 주요개선테마 〉
- 공정 및 용접설비 대기전력 절감
- 펌프 용량 최적화 및 회전수 제어에 의한 전력 절감
- 전기에너지 전력 품질 개선에 의한 전력 절감
- 공기 압축 시스템 관리 표준화 / 불평형 개선 및 누설 손실 개선
- 프레스 및 부대설비 전력 품질 및 전류 불평형 개선
- 이외 표준 관리 수준 향상 및 ELP(에너지손실예방) 체계 수립 관련 개선 테마

※ 제품 탄소 원단위 개선내용을 전 사업장 확대 시 탄소저감 효과 산정

〈 개선효과 – 정량적 〉
- 대상 공정: A차종 머플러 제조 공정
- 기준년도 제조단계 대상 제품 탄소 원단위: 2.09 kg CO2e
- 목표년도 제조단계 대상 제품 탄소 원단위: 1.99 kg CO2e
- 목표년도 대상 제품 탄소 원단위 목표 저감량: 105 g CO2e
- 향후 대상 공정의 저감 효과를 전 사업장에 확대시 효과: 385 t CO2e

〈 제조단계 대상 제품의 탄소 원단위 개선시 목표 비율 〉
- 설비 효율 개선: 65.7 %
- 손실 방지: 20.2 %
- 관리 수준 향상: 15.2 %

[그림 1] S공업 (2공장) 주요 탄소 저감 테마 및 효과

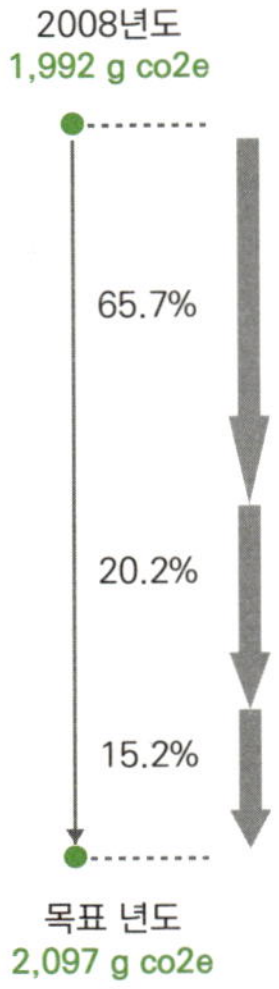

2008년도
1,992 g co2e

65.7%

20.2%

15.2%

목표 년도
2,097 g co2e

구분	개선 테마	저감 량 [t co2e]	저감 비율 [%]
Ⅰ. 설비효율개선 253 t co2e 65.7%	공정 및 용접설비 대기전력 절감	84	21.9
	펌프 용량 최적화 및 회전수 제어에 의한 전력 절감	49	12.6
	전기에너지 전력 품질 개선에 의한 전력 절감	65	16.8
	공기 압축 시스템 관리 표준화 / 불평형 개선 및 리크 개선	16	4.2
	프레스 및 부대설비 전력 품질 및 전류 불평형 개선	39	10.1
		253	65.7
Ⅱ. 손실방지 78 t co2e 20.2%	설비 공회전 방지 및 보관/수율/관리 등 손실 저감	32	8.4
	열원, 공기, 용수, 냉각 오일 의 배관 유출 방지	19	5.1
	배관 및 배선 등 에너지 절달 손실 개선	26	6.7
		78	20.2
Ⅲ. 관리수준 향상 58 t co2e 15.2%	설비 운전 점검 시트 합리화	19	5.1
	에너지 공급측과 사용측의 Balance 관리	19	5.1
	에너지 손실 발생 예방 체계 구축	19	5.1
		58	15.2
계		248	101.1

전사적 참여를 통한 효과적인 에너지경형혁신을 추진한 제지회사

에다 씨의 저서 5장 바람을타고 날개를 펴다 내용중 "사원을 끌어들이는 비결" 관련해서 모범적인 사례가 있어서 소개하려 합니다. 해당 기업은 제지 회사입니다. 인쇄용지. 특수용지, 포장용지, 식품용지 등 다양 종이를 생산하는 우리나라 최고의 제지 회사입니다. 해당 그룹 제지부문에서 에너지와 탄소전략을 수립하고 효율화하는 사업을 추진했습니다. 이와 관련해서 수 년간 몇 단계에 걸쳐 컨설팅을 추진한 사례의 회사입니다. 탈탄소 경영혁신 역시 다른 경영혁신과 마찬가지로 저항과 거부감이 어떤 조직에나 있으리라 생각합니다. 제 경험상 사원들이 갖는 혁신 참여의 거부감은 이번 혁신이 처음이 어서가 아니라, 과거에도 경험한 혁신 활동의 부정적인 기억이 이번 혁신 활동에서도 그림자처럼 따라오기 때문일 겁니다. 저는 이것을 혁신 허무주의라고 부르는데요, 당시에 이 혁신 허무주의를 극복함으로써 사원들의 참여를 적극적으로 유도할 수 있었습니다. 먼저 회사의 혁신활동 이력, 내용, 결과물, 참여자들, 평가방법, 보상체계, 외부참여기관 등을 확인하고 구성원들과 부정적인 생각들을 제거하는 데 많은 일정을 소화하였습니다. 그 여정은 좀 길었지만 효과적인 혁신을 위해 동의하고 합의한 몇 가지 원칙은 나중에 큰 성과를 얻는 바탕이 되었습니다.

아래는 당시 추진 조직체계입니다. 기존의 유사한 목적을 달성하기 위한 체계와 크게 다를 바는 없습니다. 하지만 기존의 추진 방식는 다른 큰 3가지 원칙을 합의하고 추진해 나갔습니다.

설비와 공정진단을 위한 사전준비 단계에서 반드시 생산부서 및 품질 부서가 함께 참여한다.

(제조업의 경우 어떤 좋은 경영활동도 품질이 문제가 된다고 하면 진행이 좌절되므로, 초기에 생산과 품질과 관련된 충분한 논의와 정보가 취득되어야 함)

에너지 효율향상, 공정개선과 관련된 도출된 테마는 현재 효과와 실현가능성 여부를 따지지 않고, 모두 도출해낸다.(언젠가는 그 개선테마가 유효한 상황이나 조건이 될 때가 온다) 컨설팅 결과의 공유와 개선 테마 협의 시에는 최고 책임자와 담장 추진 조직 외 지원 부서가 참여한다.

(특히 예산이 일정 금액이상 소요되는 경우. 예을 들어 거의 대부분의 개선테마는 비용과 진행 시간이 소요되는데, 최고

책임자가 참석한 회의에 지원 부서가 참여해서 현장에서 의사결정할 수 있는 경우 매우 효율적이고 즉각적인 진행이 가능하다)

저는 이 세가지 원칙이 지켜진 제지 회사와의 컨설팅이 최고의 성과를 낸 경험이었습니다.

[그림 2] 에너지경영혁신 추진 조직구성

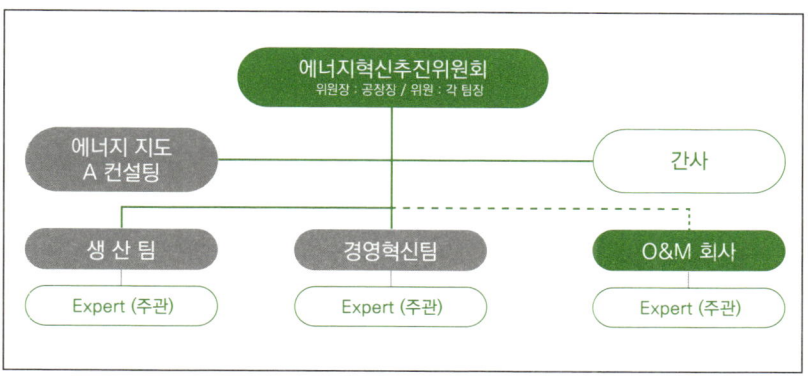

공급망 파트너십을 활용해서 대표차종 탄소발자국 체계구축 사업을 추진한 자동차회사

이제 에다 씨의 저서 5장 바람을 타고 날개를 펴다 내용 중 "하청업체에게 무리한 요구를 하고 있지는 않습니까?" 관련해서 선도적으로 모범적인 사례가 있어서 소개하려 합니다. 해당 기업은 자동차 회사입니다. 자동차산업은 공급망이 매우 광범위한 사업으로 자동차 제조사를 중심으로 1차, 2차, 3차 그 이상의 협력 기업들이 유기적으로 결합되어 사업이 운영되는 사업 생태계를 가지고 있습니다. 제가 H자동차의 협력사 제품 탄소발자국(Carbon Footprint) 구축에 참여한 경험을 소개하려 합니다. 당시 협력사 제품 탄소 발자국 산출과 체계 구축은 H자동차의 대표 차종의 탄소발자국 구축의 기초가 되며, 협력사의 제품 탄소 발자국 산출에 의한 기업 및 국가 환경 경쟁력 향상을 목적으로 추진되었습니다. 협력사 탄소발자국 산출 대상 제품의 원재료(Raw Material) 단계, 제조(Manufacture) 단계, 배송(Distribution) 단계를 제품 탄소 발자국 구축의 영역으로 했습니다. 사용(Use) 단계와 폐기 및 재활용(Disposal) 단계는 협력사 제품이 모기업인 H자동차의 원재료의 형태로 사용되므로 협력사 제품 탄소 발자국(Carbon Footprint) 구축 범위에는 포함하지 않았습니다.

협력사 제품 Carbon Footprint(탄소 발자국) 구축 대상 제품은 A 차종에 공급되는 각 협력사의 제품을 대상으로 하되, A 차종 공급 제품의 선정이 가능하지 않을 경우는 가장 유사한 다른 차종의 동종 제품을 대상으로 하였습니다.

협력사 제품 Carbon Footprint(탄소 발자국) 구축은 가장 기본적으로 협력사 온실가스 인벤토리 구축 내용을 토대로 하였습니다. 참고표준은 영국의 PAS2050을 참고하였고, 당시 표준제정이 진행 중인 독일의 PCF(Product Carbon Footprint)도 참고하였습니다. 당시 컨설팅 회사 고유의 방법론으로는 에너지/탄소 플로우 맵, 제품 탄소원단위 경향/상관관계 분석, 제품 탄소 발자국 Grade 설정, 제품 탄소 원단위 Type 등에 대한 개념을 활용했습니다.

아래 그림은 Carbon Footprint 평가를 5 Level로 구분하여 당시 적용된 방법론입니다.

가로축은 부품 탄소 발자국 구축 영역이고 세로축은 각 영역별 부품 탄소 발자국의 신뢰도 수준을 나타냅니다.

True CF는 재료(Raw Material)단계, 제조(Manufacture)단계, 배송(Distribution)단계의 부품 탄소 발자국이 통합 관리

되는 최고 수준을 의미합니다.

  H자동차가 공급망회사들의 에너지와 탄소관리 수준 향상을 위한 다양한 지원과 협력 관계를 유지함으로써, 자사 차종의 친환경성을 높이고 공급망회사의 탈탄소 경쟁력을 높이는 좋은 협력 모델로 평가됩니다. 2010년 당시에는 Renewable Energy 도입을 위한 구체적 이행수단을 실현하는 수준까지 이르지는 못했지만, RE100을 이미 십수 년 전부터 실현하려고 노력했던 협력 모델이라고 생각합니다.

[그림 3] 제품 탄소 발자국 구축 프레임

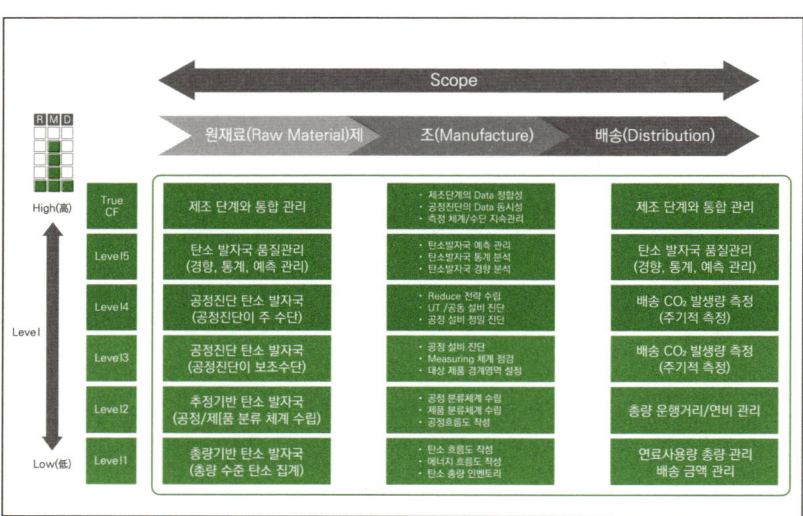

2025년
탈탄소가
비즈니스를 바꾼다

저　자 | 에다켄지, 김동준

역　자 | 이음연구소
펴낸곳 | 이음연구소
편집·인쇄 | 청암기획
등　록 | 2023년 2월
주　소 | 서울시 영등포구 양평로 126번지

ISBN 979-11-966099-6-2